मिरेकल

भारतीय ज्ञानपीठ

लोकोदय ग्रन्थमाला : ग्रन्थांक 1320

ISBN 978-93-263-5579-7

प्रकाशक : **भारतीय ज्ञानपीठ**
18, इन्स्टीट्यूशनल एरिया, लोदी रोड, नयी दिल्ली-110 003

मुद्रक : चन्द्रा कॉपी हाउस, आगरा

Miracle
by Anchal Jain

Published by
Bharatiya Jnanpith
18, Institutional Area, Lodi Road, New Delhi-110 003
Ph. : 011-24698417, 24626467; 23241619 (Daryaganj)
Mob. : 9350536020; e-mail : bjnanpith@gmail.com
sales@jnanpith.net; website : www.jnanpith.net

First Edition : 2017
Price : Rs. 220

प.पू. संत शिरोमणि, जैन सरोवर के राजहंस
दिगम्बर जैनाचार्य श्री 108 विद्या सागर जी महाराज

समर्पण

संयम सौरभ साधना जिनको करें प्रणाम
अंचल की ये अनुपम कृति है उनके ही नाम

मेरे ह्रदय से....

इस आधुनिक युग में प्रत्येक व्यक्ति अनेकों परेशानियों से घिरे होने के बावजूद भी स्वयं के लिए समय नहीं निकाल पाता और मानसिक परेशानियों का शिकार हो जाता है, सभी धर्मों में सभी परेशानियों से मुक्त होने के तरीके बताये हैं लेकिन रोजमर्रा की भगदौड़ में फंस कर हमारे पास इतना वक़्त भी नहीं है कि हमारे शास्त्रों में बताये गए समाधान का लाभ ले सकें, हालांकि सभी जानते हैं कि हमारे जीवन में जो भी घटित हो रहा है वो सब हमारे द्वारा किये हुए कर्मों का प्रतिफल है फिर भी हम न ही अपने कर्मों और भावों में सुधार लाते हैं और न ही उनके लिए पश्चाताप का भाव रखते हैं जबकि सिर्फ पश्चाताप ही एक ऐसा अस्त्र है जो कर्मों के फलों से मुक्त करवा कर आपके जीवन में नई खुशियाँ ला सकता है। यही कर्म सिद्धांत हैं और इस सिद्धांत को सभी जानते हैं परन्तु मानता कोई भी नहीं है।

मेरी ये पुस्तक प्रयास है सभी के ह्रदय में कर्म सिद्धांत के प्रति आस्था जगा कर उनको सजग करके प्रायश्चित के द्वारा कर्मों के प्रतिफल से मुक्त होने की विद्या से अवगत करवाने का, मुझे पूर्ण रूप से आशा है कि इस पुस्तक को पढ़ कर सभी का कर्म सिद्धांत पर निश्चित रूप से विश्वास पैदा होगा और इस बात अथवा तथ्य को सत्य मानकर अपने कर्मों एवम् भावों में विशुद्धि लाकर अपने जीवन को कुंदन की तरह बनाएंगे, मेरी कामना है कि जहाँ तक मेरी दृष्टि जाये ये सृष्टि सिर्फ सद्भाव और सद्कर्म से युक्त हो सभी आत्मा के स्वभाव को समझ कर उसके विरुद्ध कार्य करना बंद करके जीवन को सुख एवम् शांतिमय बनायें ये सारा संसार मैत्री भाव से रहे एवम् पर के कल्याण की भावना को सर्वोपरि रखते हुए स्वयं की आत्मा का कल्याण करें।

सहृदय धन्यवाद

आप सभी को सादर जय जिनेन्द्र एवम् हृदय से धन्यवाद, धन्यवाद इस सृष्टि को जिसका कण कण स्वरचित नियमों एवम् सिद्धांतों का पालन करता है, धन्यवाद समूची सृष्टि में रहने वाले जीवों को क्योंकि इन सभी के जीवन एवम् जीवन में होने वाली घटनाओं ने मुझे प्रेरणा दी कर्म सिद्धांत को समझने की।

इसके अलावा इस धरती पर आने के बाद सबसे पहले शिक्षक माँ बाप ही होते हैं और यथार्थ मैं भी मेरे माँ और पापा ही है जिन्होंने मेरे मन एवम् मष्तिस्क में बचपन से ही ये संस्कार दिए कि किसी का बुरा मत सोचो और न ही करो और अगर किसी के साथ कुछ बुरा हो रहा है तो उसकी परिस्थिति सहायता करो अगर ये सद्भावना का बीज मेरे हृदय में मेरे माँ पापा के द्वारा न बोया गया होता तो आज यह वृक्ष के रूप में दुनिया के समक्ष न होता इसलिए मेरा मन वचन काय से मेरे माँ पिता को सादर चरण वंदन एवम् धन्यवाद, मुझे गर्व है कि मैं एक संवेदनशील और धार्मिक दंपत्ति की पुत्री हूँ।

दूसरा धन्यवाद मेरे धर्म को जिसमें मैंने जन्म लिया जिसका आधार ही अहिंसा है जहाँ स्वयं के जीने की बात के साथ दूसरे को भी जीने दो की बात को सर्वोपरि रखा है मेरे धार्मिक गुरु परमपूज्य आचार्य श्री विद्यासागर जी महाराज को क्योंकि अपने जीवन काल में सर्वप्रथम पहली मंगल देशना उनके मुखारविंद से जबलपुर में सुनी यह मेरा अहोभाग्य है, जिनका आचरण जिनकी कठिन साधना, जिनका जीवन, स्वयं ही धर्म को परिभाषित करता है उन परमश्रद्धेय गुरुदेव को मेरा मन वचन काय से पल पल का हर पल का कोटि कोटि नमोस्तु, वंदन एवं धन्यवाद।

यह पवित्र भावना मेरे हृदय में जगाने में ऊपर लिखे सभी निमित्त रूप में मेरे जीवन में हैं परन्तु इस भावना को समझ कर इसको जन जन

तक पहुँचने की भावना जगाने वाले और मुझ जैसी साधारण महिला को संबल देने वाले मेरे पतिदेव श्री राजेन्द्र जैन जो कि स्वयं ही एक बहुत अच्छे इंसान होने के साथ सफल वास्तुविद् भी हैं उसको हृदय से धन्यवाद देना चाहती हूँ अगर उनका सम्बल मुझे नहीं मिलता तो मैं कभी अपनी बात को दुनिया के समझ नहीं रख पाती।

मेरी इस भावना को कई लोगों ने सुना लेकिन जब मुनि श्री प्रबलसागर जी ने सुना तब उन्होंने ही मुझे प्रेरणा एवम् मार्गदर्शन दिया यह पुस्तक लिखने के लिए। उनका विश्वास था कि यह पुस्तक समाज के नवयुवकों के लिए जो भोग विलासिता में, धर्म और कर्म सिद्धांत दोनों ही भूल गए हैं उनके लिए अच्छी और सच्ची मार्गदर्शक सिद्ध होगी, इसी विश्वास ने मुझे यह पुस्तक लिखने की प्रेरणा दी, उनके चरणों में बारम्बार नमोस्तु और धन्यवाद।

इन सभी विशिष्ट लोगों के अलावा वे सभी लोग जिन्होंने जाने–अनजाने मुझे तकलीफ दी या यूँ कहूँ कि जो लोग मेरे कर्मों की निर्जरा के निमित्त बने उन सभी को हृदय से धन्यवाद।

मेरा सम्पूर्ण परिवार, रिशुतोष भैया, भारती भाभी, राजीव नाहर भैया, भारतीय ज्ञानपीठ से संजय दुबे भैया, आगरा से अंकित (चन्द्रा कॉपी) एवं मेरे दोनों बच्चे संयम और परिधि को भी स्नेहपूर्ण धन्यवाद। इन सभी ने भी मेरा प्रत्येक कदम पर यथासम्भव समय, साथ एवं प्रोत्साहन दिया।

— अंचल जैन

मिरेकल

परिचय

'**मिरेकल**' इसका मतलब सभी जानते हैं 'चमत्कार'। चमत्कार वह शब्द है जिसको सुनकर आपके चेहरे और हृदय दोनों ही आश्चर्य एवं श्रद्धा से भर जाते हैं। शायद आप लोग सोच रहे होंगे कि श्रद्धा बीच में कहाँ से आ गयी तो मैं यह स्पष्ट करना चाहूँगी की अगर आप चमत्कार को जादू जैसी छोटी-सी विद्या से तुलना कर रहे हैं तो इससे थोड़ा ऊपर उठें और दोनों के बीच के बहुत बड़े अन्तर को समझने के लिए मानसिक रूप से तैयार हो जायें। चमत्कार अर्थात् मिरेकल क्या है यह समझने के पहले हम ये समझेंगे कि जादू क्या होता है जादू वो प्रक्रिया है जो किसी विशेष क्रिया द्वारा या सम्मोहन शक्ति द्वारा आपके दिमाग पर नियन्त्रण करने के उपरान्त आपको भ्रमित किया जाता है, जादू में जो आपको नजर आता है या महसूस होता है वो सिर्फ एक नजर का धोखा होता है इसके अलावा जादू करने का कोई नियत समय या परिस्थिति नहीं होती और न ही जादू करने के लिए आपमें किसी विशेष शक्ति का होना जरूरी है, अगर आपने कुछ ट्रिक सिख ली तो आप भी आसानी से जादू कर सकते हैं, सड़क पर - गली मोहल्ले में कहीं पर भी आपको घूम घूमकर जादू दिखने वाले मिल जायेंगे। जब भी हम कोई जादू देखते हैं तो देखने के लिए कोई नियत कीमत चुका कर देखते हैं लेकिन इस जादू की प्रक्रिया को देखकर हर्ष अथवा आश्चर्य जैसी भावना तो हमारे दिल में आती है, लेकिन श्रद्धा का भाव एक पल के लिए भी नहीं आते। मुझे याद है जब मैं बहुत छोटी थी तब हमारी कॉलोनी में छोटे-मोटे जादूगर जादू दिखाने आते थे और बच्चे होने के

कारण मैं और मेरी उम्र के सारे बच्चे जादू देखने के लिए बहुत उत्साहित हो जाते थे।

और छोटी-छोटी ट्रिक देखकर भी खुशी से फूले नहीं समाते थे तालियों की गूँज से पूरा प्रांगण गूँज उठता था लेकिन ये प्रशंसा सिर्फ तालियों की गूँज तक ही सीमित थी। मुझे बहुत अच्छे से याद है जब जादू दिखाने के बाद वे जादूगर सब लोगों के पास जाते थे उस मनोरंजन की कीमत माँगने तो सभी लोग स्वेच्छा से या अपनी हैसियत के हिसाब से उनको 5 या 10 रुपये दे देते थे। 1-2 घंटे के शानदार प्रदर्शन के बावजूद भी मुश्किल से उसके पास 100 या उससे कुछ ही अधिक रुपये एकत्रित हो पाते थे और वह मुस्कुराते हुए चुपचाप उन रुपयों को लेकर वहाँ से चले जाते थे और मैं सोचती कि उसने इतना अच्छा जादू दिखाया लेकिन इतने सारे लोगों ने मिलकर इतने कम रुपये दिए ?लेकिन जब मैं बड़ी हुई तब मुझे इस बात का अहसास हुआ कि वो जादूगर जो 1 घंटे की मेहनत करता था फिर भी बहुत कम कीमत में अपने हुनर का प्रदर्शन करता था शायद वो स्वयं भी अपनी कीमत बहुत अच्छे से जानता था वह जानता था कि उसका यह जादू इतने ही कीमत के लायक है। क्योंकि वो जादू था सिर्फ एक मनोरंजन का साधन।

तो "जादू वह प्रक्रिया है जो किसी के जीवन में कोई परिवर्तन नहीं करती बस सामने वाले को भ्रमित करके उसके दिमाग पर नियन्त्रण करके थोड़ी देर के लिए मनोरंजन का मात्र एक साधन हो सकती है।"

अब हम बात करते हैं चमत्कार की, चमत्कार करना जादू करने जैसा आसान नहीं है जादू बाह्य क्रिया है तो चमत्कार ठीक इसके विपरीत आत्मा का विषय है। चमत्कार रोज रोज नहीं होते, चमत्कार करना कहीं सिखाया भी नहीं जाता। जादू सिखाने और दिखाने के बहुत से इंस्टीट्यूट और संस्थाएँ मिल जाएँगी एवं आज के आधुनिक युग में तो इंटरनेट के जरिये आप घर बैठकर जादू की हजारों tricks सीख सकते हैं, लेकिन चमत्कार कैसे कर सकते हैं, इसका कोई इंस्टीट्यूट या कोई संस्था नहीं है; ना ही इंटरनेट पे सिखाने को मिलेगा। मैं पुनः कहूँगी चमत्कार आत्मा का विषय है जो यदा कदा किसी मन्दिर या किन्हीं धार्मिक गुरुओं के द्वारा उनकी असाध्य तप के द्वारा होता है और जब हमें उस चमत्कार के बारे में पता चलता है तब किसी के बिना कहे हमारे मन में श्रद्धा के भाव उमड़ने लगते हैं। कुछ सालों पहले अखबार में यह खबर आई थी कि किसी मन्दिर में गणेश जी की प्रतिमा दुग्धपान कर रही है। तब किसी के कहे बिना हजारों श्रद्धालु अपने-अपने हाथों में दूध लेकर चल

दिए, गणेश जी को पिलाने और साथ ही उस एक दिन में उस मन्दिर में इतनी चढ़ोत्री चढ़ी जितनी साल भर में नहीं चढ़ी, न ही गणेश जी किसी के पास गये कहने कि मुझे दूध पिलाओ न ही मन्दिर के पुजारी, फिर भी हजारों की भीड़, ऐसा क्यों ? क्योंकि चमत्कार को सब नमस्कार करते हैं। चमत्कार दिखाना हर किसी के वश की बात नहीं। चमत्कार शब्द अपने आप में ही गरिमापूर्ण शब्द है जिसको सुनकर सब के शीश स्वयं ही नतमस्तक हो जाते हैं। इसका एक और उदाहरण उज्जैन के महाकाल के मन्दिर में चढ़ने वाली शराब भी है। महाकाल की महिमा उनके चमत्कार से ही है जो उनके श्रद्धालुओं को शराब चढ़ाने के लिए प्रेरित करती है। जब कहीं चमत्कार होता है तो हम बिना विवेक-विचार के बिना किसी तर्क-वितर्क के बस तन-मन से श्रद्धापूर्वक नतमस्तक हो जाते हैं। बिना किसी के कहे अपनी-अपनी श्रद्धा के अनुसार सभी अपनी चढ़ौत्री चढ़ाते हैं, अपनी हैसियत, अपनी क्षमता को भूलकर।

जबकि जादू दिखाने वाले को सब के सामने जा-जा कर अपना मेहनताना माँगना पड़ता है। अगर कोई बहुत बड़ा जादूगर हो और बहुत प्रसिद्ध भी हो तो अगर उसने अपने जादू के प्रदर्शन की फीस 200 रुपये रखी है तो आप उससे 1 रुपये भी ज्यादा नहीं देंगे, ये मेरा दावा है। इसके अलावा जादू सिर्फ़ मनोरंजन का साधन हो सकता है,

मिरेकल अथवा चमत्कार आत्मा एवं परमात्मा के मध्य का विषय है अर्थात् वह व्यक्ति जो अपनी आत्मा का सम्बन्ध परमात्मा के साथ बनाने की क्षमता रखता है वही मिरेकल कर सकता है क्योंकि मिरेकल एक अद्भुत शक्ति है जो आपके जीवन में नई चमक लाता है इसके साथ ही बहुत ही कम समय में आपके जीवन की सारी परेशानियों को आपसे दूर करने की क्षमता अगर किसी में है तो वो सिर्फ मिरेकल में है। मिरेकल करने की चाहत रखने वालों को मैं स्पष्ट कर दूँ कि जैसा मैंने पहले कहा कि चमत्कार

> **“चमत्कार आपके अपने एवं अपनों के जीवन में परिवर्तन ला कर जीवन को नई ऊचाईयों में पहुँचाने की क्षमता रखता है।”**

रोज रोज नहीं होते इसको सिखाने का कोई कॉलेज या इंस्टीट्यूट नहीं है। मैं फिर से वही बात कहूँगी कि मैं आपको चमत्कार कैसे करना है ये नहीं सिखा सकती, लेकिन आज तक जो चमत्कार हुए हैं चाहे वह किसी साधु, तपस्वी या महात्मा के द्वारा किया गया हो या उनके तप के प्रभाव से स्वत: हो गया हो उसके पीछे क्या राज है? जिन्होंने आज तक चमत्कार किये हैं आपने उनको बेशक झुक कर नमस्कार तो किया; लेकिन कभी ये जानने की कोशिश नहीं की कि ये चमत्कार कैसे हुए? हालांकि जितने चमत्कार पहले के समय में सुनने या देखने में आते थे, उतने अब नहीं। इसका प्रमुख कारण है काल का दोष या बिल्कुल साधारण शब्दों में कहें तो कलयुग का प्रभाव। पहले के लोग अन्तर्मुखी होते थे लेकिन आज के लोगों के हृदय में झूठे दिखावे और भौतिकता की अन्धी दौड़ में अपनी एवं अपनी आत्मा की ओर दृष्टि डालने का ध्यान ही नहीं आता। आज के युग में हम जैसे लोग अपनी दिनचर्या का ज्यादा से ज्यादा 1 घंटा ईश्वर के लिये समर्पित करते होंगे फिर भी अपने आपको धार्मिक कहने से नहीं चूकते वही अगर हम पूर्व में जाकर या पिछली सदी में देखते हैं तो ईश्वर की भक्ति में दिया जाने वाला समय आज की अपेक्षा बहुत ज्यादा था अगर 100-200 साल पीछे जाकर देखते हैं तो ईश्वर की भक्ति में बिताया गया समय नित्य क्रियाओं में बिताये गये समय की अपेक्षा दुगुना मिलेगा। मेरे कहने का तात्पर्य यह है कि जब लोग भगवान के ज्यादा करीब थे, उस समय इनसानों में आपस में होड़ कम थी एक दूसरे से ईर्ष्या रखने की वजह कम थी। एक समय में एक शहर या एक गाँव में एक ही राजा होता था और एक या दो सेठ बाकी सारे नागरिक सामान्य हुआ करते थे इसलिए किसी को किसी से ईर्ष्या नहीं हुआ करती थी और यही कारण था कि सब समभाव से रहते थे किसी के मन में किसी के लिए कोई कलुषता नहीं रहती थी एवं भावों में विशुद्धि भी बहुत ज्यादा हुआ करती थी तब मनुष्य ईश्वर के ज्यादा निकट होता था अब आप कहेंगे क्या तब धरती से मोक्ष की दूरी कम थी? जो मनुष्य ईश्वर के ज्यादा करीब होता था तो इसका जवाब है बिलकुल नहीं, तब भी धरती और मोक्ष की दूरी उतनी ही थी जितनी आज है लेकिन तब लोग भगवन के बताये हुए रास्ते पर ज्यादा चलते थे जबकि आज हम उस राह पर चलना तो दूर है। सोच भी नहीं रहे।

अगर हम अपने प्राचीन ग्रन्थों को पढ़ते है तो ये ज्ञात होता है कि उस काम में नित नये चमत्कार हुआ करते थे एक से एक चमत्कारी महापुरुषों से और उनके चमत्कारों से अनेकानेक ग्रन्थ भरे पड़े हैं, चाहे सतयुग में वो भगवान राम हो या नटखट कृष्ण हो अथवा राम भक्त हनुमान या फिर राक्षस वंशी रावण। इन सभी ने अपने-अपने जीवन काल में अनेक ऐसे कार्य किये हैं जिन्हें चमत्कार की श्रेणी में रखा जाता है नटखट कृष्ण ने अपनी लीलाएँ बचपन में ही दिखाना प्रारम्भ कर दी थी। उन्होंने बहुत कम उम्र में ही अपनी यशोदा मैया को अपने मुँह के अन्दर दर्शन सम्पूर्ण ब्रह्माण्ड के करवा दिये थे।

"चमत्कार को नमस्कार दुनियाँ करती है परन्तु अपनी आत्मा को नमस्कार करके दुनिया को चमत्कार दिखाना ही मिरेकल है।"

इसके अलावा रावण ने अपनी वीणा के तार टूट जाने पर ईश्वर की भक्ति हेतु अपने हाथ की नसों को वीणा के तार के रूप में प्रयोग किया था।

राम भक्त हनुमान तो चमत्कार का पिटारा हैं कहते हैं कि उन्होंने बचपन में सूरज को फल समझ के मुँह में भर लिया था।

उपरोक्त सभी घटनाएँ चमत्कार की उत्कृष्ट उदाहरण हैं। अगर हम गौर करें तो ये चमत्कार उन व्यक्तियों या महापुरुषों के द्वारा किये गये जो ईश्वर की भक्ति में तल्लीन थे ये स्वयं ईश्वर बनने के मार्ग पर अग्रसर थे या हूँ कहें कि जिनको समाज ईश्वर का रूप मानती थी। इन सभी बातों को यहाँ लिखने का मेरा तात्पर्य यह है कि अगर आप भी अपने जीवन में चमत्कार करना चाहते हैं तो अपनी आत्मा को परमात्मा से जोड़ने का प्रयास करें। ईश्वर से जुड़े बिना आपके अन्दर ईश्वर के अलौकिक शक्ति से परिपूर्ण चमत्कारिक गुण आना कठिन ही नहीं अपितु असम्भव हैं।

अब प्रश्न यह है कि कैसे हम अपनी आत्मा को परमात्मा के करीब लाएँ ? तो मेरा मानना है कि ईश्वर की भक्ति ही एकमात्र साधन है उनके समीप जाने का। क्योंकि भक्ति किये बिना आप उन परम पिता परमेश्वर के सद्‌गुणों के बारे में नहीं जान पाएँगे भक्ति के कई रूप हैं जिसमें से प्रमुख रूप है अपने इष्टदेव की पूजा अर्चना करना, उनके गुणों से ओत-प्रोत भजन गाना, उनकी

आरती करना या फिर ऐसे शास्त्रों का स्वाध्याय करना जिसमें उनके चरित्र का वर्णन हो अर्थात् प्रथमानुयोग के पुराण।

अब आप कहेंगे कि भक्ति करने से हम ईश्वर के करीब कैसे जाएँगे ये भी बताएँ? तो आप सभी ये समझ लें कि जब हम भक्ति करते हैं, तब उनके गुणों का गुणगान करते हैं और जब हम किसी के गुणों का गुणगान बार-बार करते हैं तब हम भी उनके जैसे बनने की कोशिश करते हैं उदाहरण के लिए जब कोई बच्चा क्रिकेट का शौकीन होता है तो उस खेल में पारंगत किसी विशेष खिलाड़ी का जबरदस्त प्रशंसक भी होता है और जब भी क्रिकेट की चर्चा होती है तो वह बच्चा तुरन्त अपने प्रिय खिलाड़ी की प्रशंसा करने लगता है साथ ही साथ अपने माता-पिता से क्रिकेट खेलने के लिए इजाजत और आवश्यक सामग्री जैसे बैट, बॉल इत्यादि की भी माँग करता है और अपने सामर्थ्य के अनुरूप अपने आपको एक कुशल क्रिकेट खिलाड़ी के रूप में प्रस्तुत करता है।

ठीक इसी प्रकार जब हम ईश्वर की भक्ति करते हैं तो उनके गुणों से प्रभावित होकर उनके जैसे बनने हेतु उस मार्ग पर चलना प्रारम्भ कर देते हैं। यही आपका पहला कदम है चमत्कार की ओर।

"शरीर आत्मा की अधिष्ठाता भूमि है।"

आइये अब हम चर्चा करेंगे उस गहन विषय की जो आपके जीवन को, आपकी आत्मा को कुन्दन की तरह दमकता हुआ उज्जवल बनाने में सक्षम है।

मिरेकल कब किया जा सकता है ?

आप सभी को अभी तक ये तो बहुत स्पष्ट रूप से समझ आ गया होगा की जिस प्रक्रिया की हम चर्चा कर रहे हैं वह बहुत ही विशिष्ट है और क्योंकि यह प्रक्रिया विशिष्ट है इसलिए जब बहुत आवश्यक हो तब ही यह प्रक्रिया करने के लिए आपका हृदय एवं आत्मा स्वयं ही अग्रसर हो जाती है एवं यह प्रक्रिया स्वत: ही परिस्थितिजन्य होती है जबकि 100 में से 99 लोग यह जानते ही नहीं कि उनके द्वारा यह प्रक्रिया संचालित हो रही है, साथ में एक कटु सत्य यह भी है कि ये प्रक्रिया जिसे हम मिरेकल कहके सम्बोधित कर रहे हैं वह 1000 लोगों में से किन्हीं 5-7 लोगों के द्वारा अनायास ही हो जाती है क्योंकि ये वे विशिष्ट लोग वो होते हैं जो परमात्मा से अन्तरात्मा से जुड़े होते हैं और इन विकट, विपरीत परिस्थितियों में वे ही लोग अपने आप को संभाल पाते हैं या अपने आपको मुसीबतों से उभार पाते हैं जो स्वयं विशिष्ट होते हैं। जो अपने रोम-रोम में अलौकिक शक्तियों का भण्डार लेकर इस ब्रह्माण्ड में विचरण कर रहे हैं, जो अपने जीवन काल में अनेक चमत्कार भी दिखा चुके हों। तो क्या वे सदैव ही अपनी चमत्कारिक शक्तियों का प्रयोग करते रहते हैं ? या फिर जब आवश्यक हो तब ? जब उनके पुरुषार्थ से काम न चले तब वे अपनी शक्तियों का प्रयोग करके समाज और धर्म की रक्षा करते हैं, तो यह सोचने वाली बात है कि अगर जो साधु या महात्मा जिनकी आत्मा चमत्कारिक शक्तियों से ओत-प्रोत है वो भी अपनी चमत्कारी शक्तियों का प्रयोग सदैव

नहीं करते तो हम और आप जैसे लोग जो छोटी-छोटी परेशानियों में दूसरे से सहायता की उम्मीद करते हैं दूसरों के सहारे पर अपनी समस्या का समाधान करना चाहते हैं, कभी माँ-बाप, कभी बच्चे, कभी दोस्त, कभी अध्यापक, कभी भाई-बहन हमेशा ही हम अपनी समस्याओं को सुलझाने के लिए किसी दूसरे का सहारा लेते हैं जिसे हम अपने आपसे भी मजबूत, समझदार एवं सक्षम मानते हैं, लेकिन हमेशा ऐसा नहीं होता कि जिसको आपने अपना सहारा माना है या आपको जिससे आशा है वह आपकी समस्या का समाधान कर देगा वह आपकी कसौटी पर खरा उतरेगा या नहीं ?इसके कई पहलू हो सकते हैं।

1. वो उतना सक्षम या समझदार है ही नहीं जितना आप समझ रहे हैं।

2. सक्षम होते हुए भी वो अपने आपको मुसीबत से दूर रखना चाहता हो और आपकी सहायता न करे और अपना पल्ला झाड़ लें।

3. वो स्वयं भी अनभिज्ञ हो कि आपकी सहायता कैसे की जाए।

हम यहाँ रामायण का एक उदाहरण लेते हैं जब भगवान राम को पता चलता है कि लंकाधिपति रावण उनकी भार्या सीता को अपने साथ उठा कर ले गया है तब वे सुग्रीव की सहायता से सेना तैयार करके समन्दर तट पर आ जाते हैं, लेकिन इतने बड़े समुद्र को बिना किसी पुल के पार करना मुश्किल ही नहीं नामुमकिन था साथ ही साथ राम को सीता की फिक्र भी हो रही थी एवं लंका की वस्तुस्थिति का भी कुछ अनुमान नहीं था अत: निर्णय लिया गया कि पहले कोई लंका जाकर परिस्थितियों का अवलोकन करके आये फिर युद्ध की रणनीति तैयार की जायेगी।

ऐसा कौन व्यक्ति होगा जो अपनी बाहुबल से इतने बड़े समुद्र को पार कर सकता है? ऐसा कोई भी नहीं था जो इतना शक्तिशाली हो ऐसा सबका सोचना था? जबकि पवनपुत्र हनुमान के पास यह शक्ति थी, लेकिन वो स्वयं भी उस शक्ति से अनभिज्ञ थे। जब उन्हें याद दिलाया गया तब उन्हें अपनी शक्ति का अहसास हुआ और वो अपने बाहुबल से न सिर्फ समुद्र को पार करके लंका गये अपितु वहाँ जाकर अशोक वाटिका को तहस-नहस कर दिया।

कहने का तात्पर्य है कि प्रत्येक व्यक्ति के अन्दर असीमित शक्तियाँ होती हैं परन्तु उनको अपनी ऊर्जा का अहसास नहीं होता न ही ये पता होता है कि उस ऊर्जा को कैसे उजागर करना है?एवं यदि ये शक्तियाँ आपके अन्दर प्रगट हो गयी हैं और आपको अहसास भी है तो कैसे कब और कहाँ इनका प्रयोग करना है, यह जानना परम आवश्यक है।

अपनी आत्मा में स्पन्दित होने वाली असीमित ऊर्जा का प्रयोग करके अपनी जिन्दगी की समस्याओं का निराकरण करने की कला अगर आप में आ गया तो आप मिरेकल कर सकते हैं। मिरेकल जीवन के हर पल में छोटी-छोटी परेशानियों में करना सम्भव नहीं, क्योंकि ये बहुत विशिष्ट क्रिया है जिसका विशेष परिस्थितियों में ही उपयोग किया जाता है।

इसका मतलब यह कतई नहीं है कि मिरेकल छोटी-छोटी रोजमर्रा की परेशानियों को हल करने में सक्षम नहीं है अपितु ये वो Purifier है जो आपके जीवन से सारे दु:ख, सारी समस्याएँ, सारे पाप-कर्मों को Filter करके आपके जीवन में सिर्फ शुद्ध, शुभ एवं पुण्य कर्मों को ही रहने देता है जिससे आपके जीवन में सिर्फ सुख ही सुख रह जाता है।

लेकिन मानव स्वभाव है कि जब हम परेशान होते हैं तब सबसे पहले सब जगह हाथ पैर मार लेते हैं, सबके सामने हाथ फैलाते हैं और जब सब जगह से निराशा मिलती है, सारे रास्ते बन्द हो जाते हैं, तब उस वक्त हम परमात्मा

> **"जीवन जीने के लिए श्वास की आवश्यकता होती है परन्तु आगे बढ़कर अपनी मंजिल को पाने हेतु आत्मविश्वास की।"**

की तरफ दृष्टि डालते हैं और जब परमात्मा से जुड़ाव होता है तब उनके बताये हुए मार्ग पर चलकर अपनी जिन्दगी में वह मिरेकल करते हैं जिसके बारे में हम चर्चाएँ कर रहे हैं।

सही मायने में अगर हम गम्भीरता से सोचें तो जब भी हमें कुछ परेशानी होती है तो हम सक्षम होते हुए भी अपना आत्मविश्वास खो देते हैं और स्वयं से ज्यादा उन लोगों पर विश्वास करते हैं जो शायद हमसे ज्यादा कमजोर हों, उनकी आर्थिक, शारीरिक, बौद्धिक क्षमता हमसे कम हो, साथ ही ईश्वर से ज्यादा मानवों पर विश्वास करते हैं, यह प्रत्येक मानव का स्वभाव है चाहे वो मैं ही क्यों न होऊँ।

बड़े-बड़े साधु महात्मा जिनके सिर्फ एक आशीर्वाद से उनके भक्त के जीवन का काया कल्प हो जाता है, सारी परेशानियाँ समाप्त हो जाती हैं, चाहे वे आर्थिक हो, पारिवारिक हो या किसी अन्य प्रकार की, लेकिन इसके विपरीत वे ही साधु अपनी छोटी-छोटी आवश्यकताओं के लिए उन्हीं भक्तों पर आश्रित रहते हैं तो क्या हम यह कहेंगे कि उनके पास कोई शक्ति नहीं है ?ऐसा सोचना ही गलत है। जैसा कि मैंने ऊपर लिखा है कि मिरेकल तब ही किया जाता है जब कोई रास्ता, कोई सहारा न हो, यह वो विशेष प्रक्रिया है जो ब्रह्मास्त्र का कार्य करती है आपके जीवन को जीवन युद्ध से सुरक्षित करने में।

अब यह सभी को स्पष्ट रूप से समझ आ गया कि मिरेकल कब किया जा सकता है।

मिरेकल के सुपात्र

मिरेकल किया जाना अगर क्रियात्मक रूप से देखें तो बहुत ज्यादा आसान है, लेकिन अगर मानसिक और बौद्धिक स्तर पर जब हम यह चर्चा कर रहे हैं कि मिरेकल नाम की क्रिया कौन कर सकता है जो कि एक असाधारण क्रिया है। तो जैसा कि ऊपर कहा गया है कि जो व्यक्ति चारों तरफ से हार गया हो, जिसको इस दुनिया में कोई भी सहारा नजर न आ रहा हो, जिसने मुसीबत के आगे अपने घुटने टेक दिए हों, जिसकी परेशानियों को झेलने और और उनसे लड़ने की क्षमता समाप्त गयी हो, सिर्फ ऐसा ही असहाय व्यक्ति मानसिक तौर पर मिरेकल करने के लिए तैयार होता है अन्यथा जब तक उसको आशा की एक किरण भी दिखाई देगी वह अपने हाथ–पैर मारता ही रहेगा भले ही इस कोशिश में वो और ज्यादा उलझ जाये।

जब कोई व्यक्ति मानसिक रूप से मिरेकल के लिए तैयार हो जाता है तो उसके अन्दर सबसे पहले ईश्वर के प्रति आस्था पैदा होती है जिसके कारण वह अपने जीवन में कोई भी गलत कार्य करने से डरने लगता है, क्योंकि जब हम भगवान पर श्रद्धा रखते हैं तो भगवान एवं उनसे जुड़े हुए समस्त नियम या तर्कों पर विश्वास करने लगते हैं और बुरे समय की एक खास बात यह है कि कितना ही बड़ा या महान व्यक्ति क्यों न हो उसको जीवन के सिद्धान्तों का परिचय इस बुरे समय में हो ही जाता है। जब कोई इंसान बहुत बुरे समय से

गुजर रहा होता है तो बचपन से अपने बुजुर्गों या धर्म गुरुओं के द्वारा कही गयी वो सारी बातें याद आ जाती हैं, जो सुख समृद्धि से भरे जीवन में विस्मृत हो जाती हैं। भारत जैसे देश में बचपन में ही धार्मिक संस्कारों के बीज हृदय में बो दिये जाते हैं, लेकिन भौतिकता एवं आधुनिकता की अन्धी दौड़ में दौड़ते-दौड़ते अपने पैरों तले उन रोपित किये हुए बीजों को रौंद देते हैं, लेकिन जैसे ही वक्त की मार पड़ती है तब जो बीज हृदय में दब के रह गये थे पुनः अंकुरित होना शुरू हो जाते हैं।

हम सभी ने बचपन से ये कहावतें सुन रखी हैं जैसे—

1. जैसी करनी वैसी भरनी।

2. बोया बीज बबूल का तो आम कहाँ से होय।

3. अपने-अपने कर्मों का फल सबको मिलता है।

4. जैसे भाव हों वैसा भव होता है।

ये सभी कहावतें प्राइमरी स्कूल में पढ़ाई जाती हैं एवं इनके अर्थ को भली-भाँति समझाया एवं याद करवाया गया था।

सत्संग आदि में भी यही सुनते आ रहे हैं, लेकिन कभी इस बात पर भी शायद दिल से विश्वास नहीं किया; अगर किया होता तो कोई भी व्यक्ति कभी कोई गलत कार्य नहीं करता।

निष्कर्ष यह है कि मुसीबत में फँसा हुआ व्यक्ति ही मिरेकल कर सकता है।

मिरेकल के सिद्धांत

मिरेकल मिरेकल किया जाना अगर क्रियात्मक रूप से देखें तो बहुत ज्यादा आसान है लेकिन अगर मानसिक और बौद्धिक स्तर पर देखा जाये तो यह थोड़ा कठिन है।

मिरेकल पूर्णतः कर्म सिद्धान्त पर आधारित है अतः जब हम अपनी जिन्दगी में मिरेकल करने की चाह रखते हैं, तब सर्वप्रथम हमें अपने आपको मानसिक रूप से तैयार करना होगा। तैयार इस तरह कि, "हमारे जीवन में जो कुछ भी हो रहा है, जो भी अच्छी बुरी घटनाएँ घट रही हैं, या जो भी सुख-दुःख में मिल रहे हैं चाहे प्रत्यक्ष में उन दुखों, उन सभी परेशानियों का निमित्त कोई और नजर आ रहा हो, लेकिन इन सब परिस्थितियों का जिम्मेदार मैं स्वयं हूँ।"

> **"जब हम दूसरों को अपने जीवन की बागडोर थमा देते हैं तो यकीन मानिए उस ही पल से अपने सुखों एवम् इच्छाओं को भी दूसरों के हाथ में सौंप देते हैं।"**

जब हम अपने जीवन में होने वाली घटनाओं के लिए किसी दूसरे को जिम्मेदार समझते हैं तो हम स्वयं ही अपने लिए और नयी परेशानियाँ पैदा

कर लेते हैं और भी ज्यादा विकट परिस्थितियों को आमंत्रण दे देते हैं, क्योंकि जब आप अपने जीवन के सुख दुःख दूसरों के भरोसे पर छोड़ देते हैं तो आप स्वयं को असहाय महसूस करने लगते हैं भले ही आप कितने भी काबिल इंसान क्यों न हो ? आप स्वयं दूसरों को उचित सलाह देकर उनको मुसीबत के समय सम्बल का कार्य क्यों नहीं करते हो, लेकिन जब स्वयं पर कोई मुसीबत आती है तब आप हमेशा ही दूसरों के सर पर उस परेशानी का टोकरा रख कर मुक्त हो जाते हैं और अपनी ही बर्बादी का नजारा देखते हैं। 80 प्रतिशत लोग तो अपनी परेशानियों के पलों में दूसरों की बुराई करके या दूसरों को आरोपित करके ही अपने मन को हल्का कर लेते हैं। ऐसे मैंने स्वयं ही कई लोग देखे हैं जो सिर्फ इसलिए अपनी जिन्दगी में परेशानी को आमंत्रण देते हैं, जिससे वो किसी दूसरे को आरोपित कर सकें। जब परेशानी सिर पर आ जाती है तो बस दुखी होकर बैठ जाते हैं, और उन परिस्थितियों से उबरने के लिए कुछ भी नहीं करते, क्योंकि उनको लगता है कि न ये परेशानी उन्होंने पैदा की है और न ही उस परेशानी को खत्म करने की उनमें क्षमता है।

यही नकारात्मक सोच दिन व दिन उनकी जिन्दगी को और ज्यादा परेशानियों में ढकेलती है और एक समय ऐसा आता है कि वे सिर्फ दुखों से ग्रसित जीवन जीने को मजबूर हो जाते हैं।

WHEN
YOU BLAME
OTHERS,
YOU GIVE
UP THE
POWER TO
CHANGE
YOURSELF
Being Caballero

इसको हम ऐसे उदाहरण से समझते हैं कि मान लीजिये आप एक कुशल गाड़ी चालक हैं और आप कहीं जाना चाहते हैं लेकिन आप उस सफर में अकेले नहीं हैं कोई एक व्यक्ति जो कि गाड़ी ठीक से चलाना नहीं जानता या वह कुशल चालक नहीं है, लेकिन आप कुछ समय बाद गाड़ी चलाते-चलाते थक गये हैं और आपने अपनी गाड़ी अपने साथी को चलाने के लिए दे दी, जो कि बिल्कुल अच्छा चालक नहीं है। कुछ समय बाद ऐसी परिस्थिति आती है कि गाड़ी उस साथी के नियन्त्रण से बाहर हो गयी और आपको गाड़ी बहुत अच्छे से आते हुए भी आप स्टेरिंग अपने हाथ में न लेकर बस उसको कोसने में लगे हैं आखिरकार आपकी गाड़ी दुर्घटनाग्रस्त हो गयी। अब आप उसको कोसने में लगे हैं, भला-बुरा कहने में जुटे हैं तो क्या वह दुर्घटना रुक जायेगी ?

“जब हमें अहसास होता है कि गलती हमारी है तो स्वयं ही क्रोध की तीव्रता में कमी आ जाती है।”

अगर आप चाहते तो उस परिस्थिति को संभाल सकते थे लेकिन आपने ऐसा नहीं किया और स्वयं को मुसीबत में फँसा दिया।

बिलकुल ऐसा ही हम अपने जीवन में करते हैं अपने जीवन की डोर दूसरे के हाथ में सौंपकर अपने जीवन को पराश्रित कर लेते हैं जो कि बिल्कुल गलत है कोई दूसरा आपके जीवन का जिम्मेदार कैसे हो सकता है? यह तथ्य स्वयं को एवं स्वयं को भ्रमित करने के लिए ही सही है कोई और आपके जीवन में सुख और दुःख का कारण हो सकता है जबकि सत्यता यह है कि सिर्फ आप और सिर्फ आप ही अपने जीवन के निर्माता हैं कोई दूसरा सिर्फ निमित्त बन सकता है।

> **"जब हम जिम्मेदारी स्वयं के कन्धों पर लेते हैं तब हम अपने जीवन के निर्माता स्वयं बन जाते हैं।"**

उपरोक्त सभी बातों को सुनने के बाद आप यह समझ गये होंगे कि आपके जीवन की हर छोटी से लेकर बड़ी-बड़ी घटनाओं के जिम्मेदार आप स्वयं हैं।

इसके अलावा बहुत से लोग दूसरों को दोष नहीं देते परन्तु अपनी ही किस्मत को दोष देते रहते हैं, लेकिन उन जैसे लोगों को ये समझना आवश्यक है कि आपकी किस्मत लिखने वाला भी कोई और नहीं है आप स्वयं ही हैं अगर लौकिक भाषा में कहें कि भगवान आपकी किस्मत नहीं लिखते वे तो सिर्फ आपके पिछले कई जन्मों में किये गये कर्मों के आधार पर आपकी जिन्दगी लिख देते हैं उसमें उनकी कोई मर्जी नहीं होती न ही उनको किसी से राग-द्वेष होता है, बिल्कुल वैसे ही जैसे कि एक टीचर अपने छात्र को परीक्षा में उसके लिखे हुए जवाबों के आधार पर उस छात्र की योग्यता के आधार पर नम्बर देता है न कि राग द्वेष वश।

अगर जैन सिद्धान्त के अनुसार कहें तो हमारे भगवान तो सिद्धशिला में विराजमान हैं, जहाँ अनन्तसुख है एवं वे सिर्फ हाथ पर हाथ धरे बैठे हैं अर्थात् सिर्फ देखने और जानने का कार्य करते हैं किसी प्रकार की कोई क्रिया व प्रतिक्रिया नहीं करते, तो वह हमारे कर्मों के फल कैसे देंगे? मतलब जब भी

आप स्वयं ही अपने जीवन के शिल्पकार है अन्य कोई नहीं।

आप कोई कार्य या क्रिया करते हैं तो प्रकृति स्वयं ही उसके फलस्वरूप उस क्रिया पर प्रतिक्रिया करती है जो कि आगामी भविष्य या अगले किसी जन्म में भाग्य के रूप में प्राप्त होता है।

इसको कुछ इस तरह से समझते हैं कि यदि आपने बचपन में कोई आम का पेड़ लगाया तो कुछ समय बाद वो फूल या फल देता है अगर बीज आम का होगा तो आम और नीम का बीज होगा तो नीम ही मिलेगी। दुनियाँ की कोई ताकत ऐसी नहीं है कि आप बीज किसी और का बोयें और वृक्ष किसी और का हो। बिलकुल ऐसे ही जब हम पूर्व में कोई कर्म करते हैं तो कभी न कभी उसका फल अवश्य ही मिलता है चाहे वह उस जन्म में मिले या कई जन्मों बाद मिले, लेकिन मिलता अवश्य है। अर्थात् आपने स्वयं ही अपने कर्मों के द्वारा अपने जीवन का निर्माण किया है।

1. इसका एक बहुत अच्छा दृष्टान्त महाभारत में देखने को मिलता है, जिससे आप सभी को कर्म सिद्धान्त पर विश्वास करने की एक और वजह मिल जायेगी।

महाभारत का युद्ध चल रहा था एवं भीष्म पितामह युद्ध के दौरान बहुत ज्यादा जख्मी हो गये थे, इतने ज्यादा जख्मी कि कोई साधारण व्यक्ति उस अवस्था में जीवित नहीं रह सकता था किन्तु पितामह को इच्छा मृत्यु का वरदान प्राप्त था जिसके कारण वे अपनी स्वेच्छा से तब तक जीवित रहना चाहते थे, रह सकते थे। अतः बहुत ज्यादा घायल होने पर भी जब तक ये युद्ध समाप्त न हो जाये वे अपनी आँखों से युद्ध का परिणाम देखना चाहते थे मतलब जीवित रहना चाहते थे, अतः पाण्डु पुत्र अर्जुन ने उनके लिए उसी कुरुक्षेत्र की रण भूमि पर बाणों की शैय्या बना दी एवं उन्हें उस पर लिटा दिया गया।

स्वाभाविक तौर पर यदि कोई व्यक्ति तीरों की शैय्या पर लेटा होगा तो उसे असहनीय कष्ट हो ही रहे होंगे।

इस विकट, दयनीय परिस्थिति में जब उनसे मिलने कृष्ण जी आए तब पितामह ने बहुत ही दुखित होकर कहा—हे वासुदेव कृष्ण! मैंने जिन्दगी में

कभी किसी का दिल नहीं दुखाया और न ही कभी किसी को दुख पहुँचाने के भाव रखे, फिर मुझे किस कर्म के परिणाम के रूप में यह कष्ट भोगना पड़ रहा है?

यह सुनकर कृष्ण ने कहा हे पितामह—आप तो स्वयं सक्षम हैं। आप स्वयं ही अपने पूर्व जन्मों में झाँककर क्यों नहीं देख लेते कि आपको किस कर्म का फल मिल रहा है? तब पितामह बोले—हे वासुदेव कृष्ण ! मैं यहाँ लेटे-लेटे अपने 100 जन्मों तक देख चुका हूँ, लेकिन मुझे ऐसा कोई कर्म नहीं मिला जिसके परिणामस्वरूप मुझे यह वेदना सहनी पड़ रही है। तब कृष्ण ने कहा—हे पितामह ! आप एक जन्म और पीछे जाकर देखें शायद आपको आपके प्रश्न का जवाब मिल जाए। तब वासुदेव कृष्ण के कहने पर पितामह ने एक सौ एक भव पूर्व अपना जीवन काल देखा; जिसमें उन्होंने पाया कि वे उस जन्म में किसी नगर के राजा थे एवं किसी कार्य से अपनी सेना के साथ कहीं गमन कर रहे थे, लेकिन मार्ग में एक विशाल अजगर पड़ा हुआ था, जिसने शायद कुछ समय पूर्व ही भोजन किया था। जिसके कारण वह हिलने-डुलने या वहाँ से कहीं अन्यत्र जाने में लाचार था। भीष्म पितामह ने उसकी जान बचाने के उद्देश्य से अपने सैनिकों से कहा कि—'सैनिकों सावधानीपूर्वक इस अजगर को उठाकर किसी सुरक्षित स्थान पर रख दें ताकि उसे कोई नुकसान न हो। लेकिन सैनिकों ने अविवेक से उस अजगर को भालों की सहायता से उठाकर कुछ इस तरह से फेंका कि वह एक कंटीली झाड़ियों में जाकर फँस गया और उसे असहनीय वेदना प्रारम्भ हो गयी जिससे मुक्त होने के उद्देश्य से वह अजगर अपने आप को हिलाने-डुलाने लगा, लेकिन वो जितनी कोशिश करता उतना ही उन झाड़ियों में फँसता जाता और इसी प्रकार 8 दिन तक उन झाड़ियों में उलझा हुआ तड़पता हुआ अन्ततः मृत्यु को प्राप्त हुआ।

पितामह का उद्देश्य तो बहुत अच्छा था, परन्तु विवेक की कमी के कारण उस अजगर को जो कष्ट हुए वही कष्ट भीष्म पितामह को भी भोगने पड़े, जबकि वो कार्य उन्होंने स्वयं ने नहीं किया था। कृत, कारित, अनुमोदना का पाप अवश्य ही लगता है, अर्थात् कोई कार्य आपने स्वयं ने किया हो, या किसी और से करवाया हो या किसी के किये हुए कार्य की प्रशंसा की हो, सभी प्रकार से आप कर्मानुसार पाप एवं पुण्य के भागीदार होते हैं। एक हमें हमारे

प्रत्येक कर्मों का फल अवश्य ही भोगना पड़ता है।

> **अगर हम सही कर्म करने की कुशलता सीख ले तो जीवन जरूरत से ज्यादा सुंदर बन जायेगा।**

2. इसको कुछ इस तरह से समझ सकते हैं कि जब हम स्कूल में पढ़ते हैं और हर महीने मासिक परीक्षा होती है तो उसका रिजल्ट अगले दिन ही मिल जाता है, लेकिन अर्धवार्षिक या वार्षिक परीक्षा होती है तो उसका रिजल्ट 15 दिन या 1 महीने बाद आता है और अगर कोई राष्ट्रीय या अन्तर्राष्ट्रीय स्तर की परीक्षा या प्रतियोगिता होती है तो और भी ज्यादा समय लगता है उसका परिणाम आने में।

ठीक इसी प्रकार कुछ कर्मों के फल जल्दी और कुछ कर्मों के फल बहुत देर से फलित होते हैं। जैसे ताश के गेम खेलते वक्त किसी को नहीं पता होता कि कौन-सा पत्ता कब खुलेगा। ऐसे ही कौन-सा कर्म कब फलित होगा यह कोई नहीं जानता। झूठे अहंकार में भूलकर जो लोग लगातार गलत काम करते रहते हैं उनके दुष्कर्मों का फल जब मिलता है तो कोई भी बचाने वाला नहीं होता। हँसते-हँसते पाप करते हैं और रोते-रोते भोगते हैं।

> **आज ही कल का निर्माता है एवं आज का कर्म कल का भाग्य।**

'जब पुण्य का उदय होता है तो कोई भी आपका बाल बाँका नहीं कर सकता, परन्तु जब पाप का उदय होता है तब कोई भी शक्ति, तन्त्र, मन्त्र, या यन्त्र काम नहीं आता।'

इसका एक ऐसा दृष्टान्त जो करीब-करीब 20 साल पुराना है गुजरात का एक किस्सा जो बहुत ही दर्दनाक है पढ़ते ही रोंगटे खड़े कर देने वाला किस्सा—

1. गुजरात में एक व्यक्ति जो कि जाति से मुस्लिम था उसके परिवार में उसकी बेगम और तीन बच्चे थे जिनकी उम्र क्रमशः 3 महीने, 4 साल और 6

साल थी। ठंड के दिन थे, वह व्यक्ति जानवरों को हलाल करने वाले औजार की धार को तेज करके छत पर रखकर बाजार चला गया तभी दोनों बच्चे जो कि 4 और 6 साल के थे छत पर खेलने गये। उसी वक्त उसकी बेगम ने अपने बच्चे को नहलाने के लिए टब में गरम पानी भरकर अपने 3 महीने के बच्चे को उस टब में अपने हाथ के सहारे से बैठाकर नहलाने लगी। ठीक उसी वक्त छत पर खेल रहे बच्चे जिन्होंने अपने अब्बा को कई बार जानवरों को काटते हुए देखा था कुछ ऐसा ही खेल खेलने का सोचा। बड़ा बच्चा जानवर काटने वाला बना एवं छोटा बच्चा वो जानवर बना, जिसको काटना है कुछ ही देर में बड़ा भाई अपने छोटे भाई की गर्दन में छुरा चला रहा था और छोटा भाई दर्द के मारे चीख रहा था, लेकिन बड़े भाई को लगा कि वो उन जानवरों की नकल कर रहा है जिनको काटा जाता है। इधर अपने छोटे बच्चे को नहलाती हुई माँ अपने दूसरे बच्चे की चीख सुनकर घबरा कर बच्चे को टब में छोड़कर छत पर भाग कर गयी। वहाँ जाकर उसने देखा कि उसका बड़ा बेटा अपने भाई की गर्दन पर छुरी चला रहा था और वो खून से लथपथ तड़पते हुए अपनी आखिरी साँस ले रहा है। माँ गुस्से में अपने बड़े की तरफ चिल्लाते हुए आगे बढ़ी, लेकिन बच्चा डर के मारे छत से कूद गया देखते ही देखते उनके दो बच्चों की मौत एक पल में ही हो गयी और फिर जब उसे याद आया कि वो अपने नन्हें से बच्चे को टब में छोड़ आई है, तो वह भागती हुई इस आशा के साथ नीचे गयी कि शायद उस बच्चे की जान बचा ले लेकिन तब तक वो बच्चा भी पानी में डूबकर मर चुका था। एक ही पल में सारा परिवार उजड़ गया।

तो कहने का तात्पर्य यह है कि कर्म किसी को भी नहीं छोड़ता चाहे वह राजा हो या रंक।

यह अवश्य है कि कर्म सिद्धान्त के अनुसार कर्मों के फल उदित होने के लिए किसी निमित्त की आवश्यकता होती है।

कर्म सिद्धान्त को समझना इतना आसान नहीं है। अगर हम प्राथमिक स्तर पर समझें तो **"हम जैसे कर्म करते हैं वैसा फल मिलता है"**, लेकिन हम गहराई में जाते हैं तब पता चलता है कि कर्म के फलित होने में दो महत्वपूर्ण तथ्य आवश्यक होते हैं। पहला उपादान दूसरा निमित्त।

उपादन का मतलब है वह जीव जिसके कर्म फलित हो रहे हैं, एवं दूसरा है निमित्त, जिसका मतलब है जो कर्म के फलित होने का कारण या साधन बने। तो जब कोई कर्म फलित होता है तो उसका फल बिल्कुल वैसा ही नहीं मिलता जैसा कर्म किया हो। उसका उत्कर्षण या अपकर्षण द्रव्य, क्षेत्र, काल, भाव के अनुरूप होता है।

"बीज वृक्ष तब बनता है जब उसे अनुकूल परिस्थिति प्राप्त होती है ऐसे ही कर्म भी सही निमित्त मिलने पर ही उदित होते हैं।"

इसको इस तरह से समझते हैं कि अगर आपने कभी गुस्से में किसी को एक चाँटा मार दिया हो तो क्या एक चाँटे के बदले सिर्फ एक ही चाँटा पड़ेगा? नहीं ये निर्भर करता है निमित्त पर। अगर आपने वो चाँटा किसी ऐसे व्यक्ति को मारा है जो आपसे ताकत पद और उम्र में छोटा है तो शायद वो उस चाँटे के बदले सिर्फ एक दो अपशब्द कहकर ही शान्त हो जाये, क्योंकि इस उदाहरण में उपादान मजबूत और निमित्त कमजोर था तो कर्म का अपकर्षण हो गया।

इसके विपरीत यदि यही चाँटा किसी ऐसे व्यक्ति को मारा हो, जो आपसे पद, रुतबा, हैसियत और ताकत में बड़ा हो तब भी क्या कर्म ऐसे ही अपना असर दिखायेगा??? बिल्कुल नहीं, तब परिणाम इसके बिल्कुल विपरीत होंगे। इस स्थिति में कर्म का उत्कर्षण हो जायेगा, क्योंकि अब निमित्त ज्यादा ताकतवर है। अब इस चाँटे के बदले हो सकता है कि आपको बहुत बड़ी कीमत चुकानी पड़ सकती है, कुछ भी हो सकता है। ऐसे ही शुभ कर्मों के साथ होता है अगर आप किसी साधारण से व्यक्ति की तारीफ या गुणों का बखान करते हैं तो वो खुश होकर आपको शायद धन्यवाद कह दे या ज्यादा ही खुश हो जाये तो कभी आपको आवश्यकता होती है तो वे आपकी सहायता को तत्पर हो जाते हैं, लेकिन इस सहायता की भी कोई सीमा होती है, जो सामने वाले की हैसियत और उदारता पर निर्भर करता है। परन्तु अगर हम तीन लोक के नाथ, इस सृष्टि के निर्माता परम प्रभु परमात्मा के गुणगान करते हैं उनकी पूजा भक्ति इत्यादि करते हैं तो उसका परिणाम पुण्य रूप में प्राप्त होता है।

आज के युग के महानतम संत श्री परम पूज्य आचार्य श्री विद्यासागर जी के जीवन का ये दृष्टान्त कर्म सिद्धांत को समझने में बहुत उपयोगी सिद्ध होगा, प्रकृति में सदैव ही कुछ न कुछ घटित होता रहता है जिसको देखने और समझने का नजरिया प्रत्येक व्यक्ति का पृथक होता है एवं उसी आधार पर हम उसको समझते हैं, बिल्कुल ऐसी ही एक घटना आचार्य श्री विद्यासागर जी के साथ हुई जब वे विद्यार्थी थे एवं उनका गृहस्थावस्था का नाम विद्याधर था, घटना कुछ इस तरह थी कि बालक विद्याधर एक दिन अपने स्कूल से लौटकर घर वापिस आ रहे थे एवं रास्ते में आम के वृक्ष लगे हुए थे जिन पर कच्ची केरी लगी हुई थीं, उनके सभी मित्र केरी तोड़ने के लिए प्रयत्नरत हो गए एवं उन्हें देखकर बालक विद्याधर ने भी पत्थर उठाकर केरी तोड़ना प्रारम्भ किया, कुछ प्रयास के बाद उन्होंने देखा और अनुभव किया कि जो कुछ पके हुए आम थे वे जरा सी चोट लगने पर ही टूट कर गिर रहे थे जबकि कच्ची केरी कई बार चोट लगने पर भी नहीं टूट रही थी सिर्फ उनका कुछ हिस्सा ही टूट रहा था, जैसा कि मैंने पहले कहा कि प्रत्येक व्यक्ति अपनी सोच और बुद्धि के हिसाब से देखने वाली घटनाओं को समझता है तो.... बालक विद्याधर जो बचपन से ही कुशाग्र बुद्धि के साथ साथ बहुत ही ज्ञानी थे, उन्होंने केरी के आधे–आधे टूट कर गिरने को कुछ इस प्रकार समझा कि जिन कर्मों के उदित होने का समय निकट होता है वे जरा से ही निमित्त से उदित हो जाती है एवं जिन कर्मों का उदित होने का उचित समय नहीं आता वे बहुत निमित्त मिलने पर भी उदित नहीं होते, अर्थात् तब उपादान बलशाली हो जाता है।

उपरोक्त दृष्टान्त कर्म सिद्धांत को समझने के लिए एक सटीक उदाहरण है कभी कभी हमारे आसपास कुछ ऐसे लोग होते हैं जो जीवन में कोई भी नेक कार्य नहीं करते न ही दान धर्म, बल्कि इसके विपरीत पाप एवं अनैतिक कार्यों में लिप्त रहते हैं फिर भी सुख समृद्ध जीवन व्यतीत करते हैं तब उस समय यही

सोचना कि अभी उनके कर्मों के उदित होने का उचित समय नहीं आया है, लेकिन आयेगा जरूर।

अतः कभी कभी कोई कर्म करते वक्त ये अवश्य ध्यान रखें कि प्रत्येक कर्मों का फल जरूर मिलता है उचित निमित्त मिलने पर।

तो... कर्म सिद्धान्त की सूक्ष्मता एवं गहनता को समझ कर अपने जीवन काल में प्रत्येक कार्य सोच समझ कर करे प्रत्येक कदम फूँक-फूँक कर रखें। कही आपके द्वारा ऐसा कोई कार्य न हो जाए जो आपको जन्मों-जन्मों तक दु:ख का कारण बने।

कहने का तात्पर्य यह है कि अज्ञानता वश या मोह वश या मदवश या लोभ वश हमसे ऐसा कोई कार्य न हो जाए जिससे निद्धति निकाचित कर्मों का बँध हो जाए, निद्धति निकाचित कर्म का आशय यह है कि वे कर्म जो ऐसे बन्ध हो गये हैं जो बिना भोगे समाप्त नहीं होंगे अर्थात् आपको भोगने ही होंगे, कोई पश्चाताप, कोई प्रायश्चित, कोई उपाय आपको उन कर्मों को भोगने से बचा नहीं सकता, कर्मों की कई श्रेणियाँ हैं। कर्मों के आधार पर ही कर्म बन्ध होते हैं। अतः सोच-समझ कर ही कोई कर्म करें या करने के भाव करें।

> **"देह रुपी चिराग को प्राणशक्ति के आधार पर आत्म रूपी ज्योति को प्रज्ज्वलित करे, तब ही आपका जीवन उज्ज्वल होगा।"**

1. इसको हम इस उदाहरण से बहुत आसानी से समझ सकते हैं, कि जब आप कोई चित्र बनाते हैं तो वो पेन्सिल से बनाते हैं और कोई गलती होने पर रबर के द्वारा उस को मिटाकर सुधार कर लेते हैं, लेकिन अगर वही चित्र या कोई लेखन कार्य आपने स्याही अथवा पेन से किया है तो गड़बड़ होने पर उसको बहुत कोशिश करने पर आधा- अधूरा-सा मिटा पाते हैं लेकिन यही लेखन कार्य और परमानेंट मारकर या आयल पेंट से किया गया हो तो उसे मिटाने की ताकत किसी में भी नहीं है या तो आपको पेज फाड़ना पड़ेगा या उस रूप में ही प्रस्तुत करना पड़ेगा और उसका परिणाम भी उसके अनुरूप ही मिलेगा अर्थात् उसका जो भी परिणाम हो वह आपको भोगना ही होगा।

इसका सबसे अच्छा उदाहरण तेइसवें तीर्थंकर भगवान पार्श्वनाथ का है जिन्होंने तीर्थंकर के रूप में जन्म लिया और जिनके गर्भ में आते ही सारी नगरी खुशियों से भर गयी, जिन भगवान की माँ की सेवा के लिए 56 कुमारी देवियाँ हर पल विद्यमान रहती थीं, जिनके वस्त्र भोजन आभूषण इत्यादि सब देवों द्वारा लाये जाते थे, उनको भी केवल ज्ञान प्राप्ति के पूर्व अपने सभी कर्मों से मुक्त होना पड़ा। तभी तो कमठ ने उन पर उपसर्ग किया उनके पास वज्रवृषभ नाराच संहनन था। यही कारण था कि उनमें इस उपसर्ग से तनिक मात्र भी आकुलता

नहीं हुई एवं वे अपनी तपस्या में लीन रहे। हालांकि उनके भक्त और उनके उपकार से बने देव-देवी उनकी रक्षा हेतु अवश्य पधारे और अन्ततः उन्हें केवल ज्ञान की प्राप्ति हुई।

10 भव तक कमठ के जीव ने उनके साथ बैर रखा एवं प्रत्येक भव में उनको कष्ट दिए जबकि पार्श्वनाथ भगवान जीव ने कभी भी प्रत्युत्तर में कोई कष्ट देना या बदला नहीं लिया और न ही ऐसे भाव रखे।

यही कारण, यही भाव है जो जीव को उच्च गति देते हैं, सोना जब तपता है तभी निखरता है। पारसनाथ भगवान के शुभ भावों का फल उन्हें तीर्थंकर रूप में मिला वे मुक्त हो गये। जब तीर्थंकर भगवान को उपसर्ग हो सकते हैं तो हमें और आपको क्यों नहीं।

इस स्थिति में भी निमित्त ज्यादा बलवान था अतः उसने अपना जोर दिखाया।

अब कर्म सिद्धान्त को अच्छे से समझने के बाद आप सब मिरेकल करने के लिए मानसिक रूप से पूर्णतः तैयार है।

आइये प्रारम्भ करते हैं वो अद्भुत प्रक्रिया जो आपके जीवन की तरह चमका कर आपको एक नव जीवन प्रदान करेगी, यह प्रक्रिया आपकी आत्मा को शुद्ध करके आपको ईश्वर के नजदीक ले जायेगी इतने नजदीक कि वहाँ आपके लिए कुछ असम्भव नहीं होगा, आप स्वयं अपने जीवन को अपने अनुसार ढाल पाएँगे।

"मिरेकल" प्रक्रिया बहुत ही आसान चार चरणों में सम्पन्न की जाती है। यह बहुत ही सरल चरण हैं—जैसा कि मैं पहले बता चुकी हूँ कि मिरेकल अपने कर्मों की निर्जरा करके अपने जीवन में चमत्कारिक परिवर्तन लाने की प्रक्रिया है। यह प्रक्रिया कभी भी किसी भी परिस्थिति में किसी के भी द्वारा की जा सकती है। यह प्रतिक्रमण का आधुनिक किन्तु modified रूप है या यह कहें कि प्रतिक्रमण का संशोधित रूप है जहाँ आप सिर्फ शाब्दिक रूप से ही नहीं भावनात्मक रूप से अपनी अन्तरात्मा से क्षमा याचना करते हैं।

मिरेकल के चार चरण

1. Sorry
   मुझे खेद / अफसोस है।
2. Please forgive me
   कृपया मुझे क्षमा करें।
3. Thank you
   धन्यवाद।
4. I love you.
   मैं तुमसे प्यार करता/करती हूँ।

सबसे पहले हम यह जानते हैं कि sorry किसको और क्यों बोलना है।

सबसे पहले हम यह समझ लें कि जब आप कोई गलती करते हैं तो उस के कारण जो आपको परेशानी होती है, कष्ट होता है या दु:ख होता है तब उस परेशानी से सबसे ज्यादा प्रभावित कौन होता है? आपके माँ-बाप, बीवी-बच्चे या दोस्त ?.... नहीं सबसे ज्यादा जो प्रभावित होती है वो आपकी आत्मा होती है।

जब भी आप परेशान या दुखी होते हैं, तब आपके साथ रहने वाले सभी व्यक्ति परिस्थिति, निकटता, घनिष्ठता एवं समय के अनुसार दुखी अथवा प्रभावित होते हैं कुछ आपका साथ भी देते हैं, लेकिन कब तक किन-किन परिस्थितियों में ? ?सभी की कुछ सीमाएँ होती हैं, मजबूरियाँ भी होती हैं।

लेकिन सिर्फ आपकी आत्मा ही है, जो सबसे ज्यादा प्रभावित होती है, जो सबसे ज्यादा तड़पती है।

> **हृदय से किये हुए प्रायश्चित से बढ़कर कोई सजा नहीं होती।**

तो जब आप परेशान हैं या दुखी हैं तब हमें हमारे किए हुए उन कर्मों को ध्यान में रखकर जिनके फलस्वरूप हमें कष्ट हो रहे हैं अथवा यह कहें कि हमारी आत्मा को कष्ट हो रहे हैं। सिद्धान्त को ध्यान में रखकर कि आपके स्वयं के किये हुए कर्मों का फल है जो दु:ख का कारण है। आपको अपनी अन्तरात्मा से उन कर्मों के लिए खेद व्यक्त करना है जो कि पूर्व जन्म या पूर्व काल में आपके द्वारा अज्ञानतावश या जाने-अनजाने में हो गये और आज उन्हीं कर्मों के कारण आपकी आत्मा को कष्ट है और हम जिसको कष्ट देते हैं खेद भी उससे ही व्यक्त करते हैं, तो जब भी आप किसी कष्ट से गुजरें तो अपनी आत्मा को सम्बोधित करते हुए कुछ इस प्रकार खेद व्यक्त करें–

हे आत्मा तुझे मेरे पूर्व में किये हुए कार्यों के कारण इतना कष्ट भोगना पड़ रहा है अथवा अपमान सहना पड़ रहा है, हे आत्मा मुझे खेद है कि मैंने ऐसे कार्य किये, शायद मैं अज्ञानी था मुझे मार्गदर्शन देने वाला ऐसा कोई नहीं था जिससे मुझे सही गलत का अहसास हो या कोई ऐसा हो भी तो मैंने उसकी बात को उपेक्षित करके ऐसे गलत कार्य किये जिनके परिणामों का मुझे बिल्कुल ज्ञान नहीं था और आज जब वे सभी कर्म पाप रूप में उदित हो रहे हैं; तब हे आत्मा तुझे ये सब भोगना पड़ रहा है। लेकिन अब मुझे अहसास है कि मैं ही गलत था मेरे ही कर्म परेशान कर रहे हैं। हे आत्मा मुझे बहुत अफसोस है कि मैंने वो सब किया, जो मुझे कभी नहीं करना चाहिए था। आज जब मेरी जिन्दगी में ये सारे कर्म पाप रूप में उदित हो रहे हैं तब मैं कैसे व्याकुल हो रहा हूँ, कैसे तड़प रहा हूँ, लेकिन जब ये कर्म

> **"सिर्फ खेद व्यक्त करना काफी नहीं है, आपको स्वयं को बदलना भी आवश्यक है।"**

किये होंगे तो उनके परिणाम के बारे में नहीं सोचा होगा। अगर सोचा होता या विवेक का उपयोग किया होता तो यह सब कष्ट नहीं होते। परन्तु आज पुण्य योग से मुझे ये अहसास हुआ है कि मैं ही इन सारे दुखों, कष्टों का जिम्मेदार हूँ। अतः आज मुझे हृदय से अफसोस है। मुझे शर्मिंदगी है कि मैंने ऐसे कार्य किये और किसी दूसरे के कष्ट का निमित्त बना। हे आत्मा मैं मन-वचन-काय से अफसोस व्यक्त करता हूँ।

I am really sorry sorry sorry.

यह कहते हुए इस भावना को महसूस करते हुए ही कि मैं ही इस परिस्थिति का जिम्मेदार हूँ हृदय से खेद व्यक्त करें।

दूसरा चरण जिसमें हम अपनी आत्मा से उन कार्यों के लिए क्षमा याचना करेंगे जिन कर्मों के लिए प्रथम चरण में खेद व्यक्त किया था

Please forgive me

हे आत्मा मुझे क्षमा करें।

जब आपने ये स्वीकार कर ही लिया है कि आपके द्वारा पूर्व में किये हुए कर्म ही हैं जो कष्ट का कारण है एवं आपको इस बात के लिए खेद भी है तो उन कर्मों के लिए क्षमा माँगना भी परम आवश्यक है और यह क्षमा भी आपको अपनी अन्तरात्मा से ही माँगनी है, क्योंकि तकलीफ सबसे ज्यादा उसको ही हो रही है।

आपको अपनी गलतियों के लिए जो आपको न ही पता है, न ही याद है, जो आप अपने पूर्व के अनगिनत भवों में की हैं, और अनगिनत भवों से अपनी की हुई गलतियों का पिटारा सदैव से दूसरों के सिर पर रखते आ रहे हैं, जब भी हमारी जिन्दगी में कोई परेशानी आती है तो हम बगले झाँकने लगते हैं और किसी ऐसे इंसान, ऐसी वजह को तलाशने लगते हैं जिस पर हम सारे आरोप थोप सकें। हमें यह बहुत आसान लगता है और यही बहुत बड़ा कारण है कि हम न ही अपने जीवन में सुधार कर पाते हैं, न ही आदतों में। हमेशा ही बहाने ढूँढ़ते रहते हैं। खुद को निर्दोष साबित करने के लिए।

आप सब से झूठ बोल सकते हैं, सब को धोखा दे सकते हैं, लेकिन अपनी आत्मा से झूठ कैसे बोलेंगे जो अनादिकाल से आपके साथ है, आपके अन्दर विराजमान है। यही आत्मा उन सभी कारणों या गुनाहों की साक्षी है और यही आत्मा सजा भी भोग रही है। अजीव विडम्बना है न; फिर भी आपके साथ है, वो सारी बातें, जो सारे कार्य को आपने अभी तक किये हैं, अनेकों भावों में, जिन्हें आप कर के भूल गये हैं, वो सिर्फ आपकी आत्मा को पता है। अतः उन सभी कर्मों के लिए मन वचन कार्य से क्षमा माँगते हुए शर्मिंदगी महसूस करनी है अपनी आत्मा के प्रति। अपनी आत्मा से कुछ इस तरह से कहना है–

हे आत्मा मुझे यह बिल्कुल भी ज्ञात नहीं कि मैंने पूर्व जन्मों में ऐसे कौन–से कर्म किये हैं जिनके कारण इस जीवन में अमुक कष्ट या परेशानी अथवा अपमान झेलना पड़ रहा है, लेकिन हे आत्मा! अनादिकाल से तू मेरे साथ है। मैं कुछ भी बना, किसी भी रूप या योनि में जन्म लिया, नरक गति में या त्रियँच गति में गया या देव बना तू मुझमें प्राण के रूप में सदा विद्यमान रही है। आत्मा मुझे याद नहीं कि मैंने उन सभी भवों में कौन- कौन से कर्म किये थे जो आप पाप रूप में उदित हो रहे हैं, परन्तु आत्मा तू उन सब कार्यों की साक्षी है, और उन कर्मों के उदय में आने पर जो मेरे द्वारा पूर्व में किये गये, तुझे सबसे ज्यादा तकलीफ हो रही है। अगर मेरे द्वारा कोई गलत कार्य न किये गये होते या किसी को दुःख न पहुँचाया गया होता तो आज ये दुष्परिणाम नहीं मिलते।

“स्वयं का बचाव करने के लिए कभी दूसरों पर दोषारोपण मत करो क्योंकि समय के पास सत्य को प्रगट करने का अपना तरीका है।”

हे आत्मा! जब मैंने वे सारे कार्य किये तब मैं नादान था, अज्ञानी था, मुझे कर्म सिद्धान्त का ज्ञान नहीं था और शायद रहा भी हो, परन्तु मैंने उसको न मानते हुए तात्कालिक खुशी या मजे अन्यथा प्रमाद वश ऐसा कोई कार्य

किया हो जिसके परिणामस्वरूप किसी अन्य जीव को तकलीफ हुई हो या वह मरण को प्राप्त हुआ हो, अन्यथा यह भी सम्भव है कि मैंने लोलुपता वश अपनी जिह्वा के क्षण भर के स्वाद के लिए किसी निर्जीव प्राणी का भक्षण किया हो, इसलिए मेरे स्वयं के या मेरे घर, परिवार या मित्र के साथ ऐसी दुर्घटना हुई कि उसका किसी के द्वारा अपहरण किया गया या एक्सीडेंट में अंग-भंग हो गया और उनको इस अवस्था में देखकर मुझे जो दुःख हुआ शायद उस दुःख का अहसास हो। हे आत्मा! मेरे इस निर्दयता पूर्ण कृत्य के लिए मैं शर्मिंदा हूँ।

"मुझे क्षमा करें! मुझे क्षमा करें! मुझे क्षमा करें।"

या मैंने पूर्व भव में या इस भव में लालच के वशीभूत होकर किसी व्यक्ति की दौलत को हड़प लिया हो या कोई छोटी-सी रकम, जो मेरे लिए मायने न रखती हो; लेकिन उसके लिए वो रकम जीवन यापन का साधन रही हो, फिर भी मैंने चुरा ली हो और इस कारण उसको बहुत परेशानी का सामना करना पड़ा हो। इसलिए आज मेरी जिन्दगी में आर्थिक समस्या है या अमुक व्यक्ति मेरे रुपये हजम कर गया।

हे आत्मा! मेरी उस भूल उस गलती के लिए मैं मन वचन कार्य से क्षमा प्रार्थी हूँ।

"मुझे क्षमा करें! मुझे क्षमा करें! मुझे क्षमा करें।"

मैंने इस जन्म में या पूर्व जन्म में किसी मानवश या द्वेषवश किसी को शारीरिक या मानसिक रूप से प्रताड़ित किया होगा। किसी बीमार व्यक्ति के दर्द को दर्द न समझ कर उसको बहाने की उपमा दी होगी या उसका इलाज करवाने की जिम्मेदारी मुझ पर रही हो और मैंने इलाज करवाने से मना कर दिया होगा। इसलिए मेरी जिन्दगी में मुझे ऐसा निर्बल या दुर्बल शरीर

> **"जिंदगी में गलती करना स्वाभाविक है परन्तु इन गलतियों के लिए दूसरों को दोष देना अपरिपक्वता का द्योतक है।"**

मिला है। मैं सदैव बीमार रहता हूँ कोई मेरे दर्द को दर्द नहीं समझता है। हे आत्मा! यह सब मेरे ही कर्मों का परिणाम है जो मैंने पूर्व में किया है। उसका ही परिणाम मेरे सम्मुख पाप रूप में उदित हो रहा है और मैं आज भी दूसरों को ही दोषारोपण करके नये कर्म बाँध रहा हूँ। परन्तु आज मुझे अहसास हुआ कि मैं ही गलत था तो आत्मा मुझे उन सब कार्यों के लिए क्षमा करें। मैं हृदय से क्षमा प्रार्थी हूँ।

"मुझे क्षमा करें! मुझे क्षमा करें! मुझे क्षमा करें।"

इस प्रकार आपकी जिन्दगी में जो समस्या है या जिसके निदान के लिए आप मिरेकल कर रहे हैं उस घटना से अपने कर्मों का सम्बन्ध स्थापित करके कर्म सिद्धान्त के आधार पर क्षमा माँगना है।

यह स्मरण रहे कि यहाँ हम एक चमत्कारिक प्रक्रिया कर रहे हैं न कि सिर्फ एक औपचारिकता, अत: क्षमा याचना करने की क्रिया आपके अन्तस् से होनी चाहिए। आपके अन्त:करण में क्षमा के भाव प्रबल हों और आत्मग्लानि के साथ अपराध बोध होना भी परम आवश्यक है। अन्यथा यह क्रिया अपना चमत्कार कदापि नहीं दिखा पाएगी। इस क्रिया का यह सबसे महत्वपूर्ण अंग यही है। इसलिए मैंने शुरू में लिखा है कि यह क्रिया का यह सबसे महत्वपूर्ण अंग यही है। इसलिए मैंने शुरू में लिखा है कि यह क्रिया जितनी सरल है उतनी ही कठिन है, लौकिक तौर पर क्षमा माँगना आसान है, लेकिन आपके अन्दर अपराधबोध का अहसास हो फिर आप क्षमा माँगें और फिर कभी उस व्यक्ति के ऊपर क्रोध न आये, आपके भाव उसके प्रति कलुषित न हो तब आपका क्षमा माँगना सफल है।

जब हमें अहसास हो गया है कि गलती हमारी ही है तो क्यों न हम अपनी आत्मा के सामने आत्मसमर्पण कर दें, क्यों न हम अपने घुटने टेक

> आत्मा का स्वभाव सिर्फ देखना और जानना है न कि उसका बखान करना।

दें इन कर्मों के सामने अपनी आत्मा के सामने, क्यों न हम 100 प्रतिशत जिम्मेदारी स्वयं की ले लें। बिल्कुल उसी तरह जिस तरह कुछ अच्छा होने पर तुरन्त हम अपने कन्धों पर उस कार्य की सफलता की जिम्मेदारी ले लेते हैं। भले ही कई कन्धों ने मिलकर उस जिम्मेदारी का बोझ उठाया हो, लेकिन शाबाशी पाने के लिए हम अपनी पीठ सबसे पहले आगे करते हैं बिल्कुल ऐसे ही अगर हम अपने जीवन में होने वाली परेशानियों की शत-प्रतिशत जिम्मेदारी स्वयं तो मानव स्वभाव ही कुछ ऐसा है अपनी गलती किसी के सामने स्वीकार करने में बहुत संकोच करता है, लेकिन जब आप अपनी आत्मा के सामने अपनी गलती स्वीकार करते हैं तब हमें कोई संकोच करने की आवश्यकता नहीं, क्योंकि वो और आप एक ही हैं और फिर वह आत्मा सब जानती है। पहले से ही फि उस आत्मा से मायाचारी करने का क्या फायदा? ? सबसे अच्छी बात यह है कि आपकी आत्मा जो कि

अनादिकल से आपके साथ है जिसने कभी किसी से कुछ नहीं कहा, कभी कोई चुगली नहीं की, आपकी हर गलती हर बात को छुपा के रखा वो कभी भी किसी से आपकी बुराई नहीं करने वाली, तो.....फिर बिना किसी संकोच के अपने हर दुष्कर्म की क्षमा माँग ले आपकी अपनी आत्मा से।

यह ध्यान रहे कि जब हम अपनी आत्मा से क्षमा माँग रहे हों तो अपने जीवन में होने वाले कष्टों को ध्यान में रखते हुए उस विशेष कर्म से अपने आपको सम्बन्धित समझते हुए क्षमा माँगनी है।

> **शत प्रतिशत जिम्मेदारी ही शत प्रतिशत परिणाम दे सकती है।**

ध्यान रहे 100% जिम्मेदारी स्वयं की है यह मानना परम आवश्यक है। 99% भी हुआ या 1% भी संशय रहा तो भी मिरेकल सम्भव नहीं।

जैसे कि ऊपर भीष्म पितामह का उदाहरण हम पढ़ चुके हैं उनकी आज्ञा अनुसार सर्प को कंटीली झाड़ियों में फेंका गया। जिसके फलस्वरूप उन्हें भी तीरों की चुभन को 8 दिवस तक सहन करना पड़ा। बिल्कुल इसी तरह से जब आपके जीवन में कोई कष्ट है तो उसका फल भी कर्म के अनुरूप ही होगा यह तय है।

आप काफी धनाढ्य परिवार से सम्बन्ध रखते हैं आपका बहुत नाम, मान-सम्मान है समाज में। परन्तु आपका पुत्र जो आपके जान से भी ज्यादा प्यार है उसे कोई असाध्य रोग हो जाता है और दुनिया की कोई दवाई कोई दुआ काम नहीं कर रही है। तब आप पूरी तरह लाचार हैं। इस परिस्थिति में आप घुटने टेक देते हैं, हिम्मत हार जाते हैं, तो यही सही समय है मिरेकल करने का, अपने कर्मों की निर्जरा का, अपने कार्यों के प्रायश्चित का, इस कठिन घड़ी में ईश्वर की भक्ति आपके खाते में पुण्य भरेगी और यह चमत्कारिक क्रिया जिसे हम **"मिरेकल"** की उपमा दे रहे

हैं, वो आपके पाप को काटेगी। ये दोनों ही क्रियाएँ परम आवश्यक हैं आपके जीवन के कष्टों को खत्म या कम करने के लिए।

तो आइये समझते हैं कि इस विषय में मिरेकल की क्रिया किस तरीके से करनी है ?

"हे आत्मा ! आज जो मेरी जिन्दगी में परेशानी है, ये जो मेरा प्राणों से प्रिय बच्चा जीवन मृत्यु से लड़ रहा है, इसका कारण मैं ही हूँ, हे आत्मा ! मैंने इस भव में या पूर्व के किसी भव में जरूर ही किसी माँ के दिल का, दर्द का उपहास किया होगा। इसलिए मुझे उस माँ के दर्द का अहसास करवाने के लिए आज मेरे बच्चे को यह कष्ट हुआ है। आज मेरा बच्चा मेरे दुष्कर्म का परिणाम भोगने का निमित्त बन रहा है। आज मुझे अहसास हुआ है कि मैं गलत था, मुझे इस बात का बहुत अफसोस है कि मैं किसी के दर्द को न समझ सका या स्वयं ही किसी के दर्द का कारण भी बना हूँ। मुझे याद नहीं, लेकिन हे आत्मा ! तुझे सब याद है सब पता है।

इस तरह से क्रमशः आपको अपने आपको उस घटना कर्म से जोड़ना है जिसके द्वारा किसी के बालक को मृत्यु तुल्य कष्ट हुए हों या वह मृत्यु को प्राप्त हुआ हो। जिसके निमित्त आप प्रत्यक्ष या अप्रत्यक्ष रूप से रहे हों। या किसी के बालक के मृत्यु तुल्य कष्ट को देखकर आप प्रसन्न हुए हों जिससे उनके माता-पिता की दुखी आत्मा को और ज्यादा दुःख हुआ हो। अब आपको अपनी कल्पना शक्ति का उपयोग करके अपने अन्तस में यह विचार करना है कि किस-किस प्रकार से आपके द्वारा किसी माता-पिता को दुःख पहुँचाया जा सकता है, अब आप विचार कीजिए कि कहीं ऐसा तो नहीं कि पूर्व के भव में या इसी भव में आपके किसी ऐसे परिचित का पुत्र बीमार हो गया हो, और उस बच्चे को भी कोई असाध्य रोग हुआ हो, जिससे आप ईर्ष्या रखते हों या किसी कारण से आप दोनों के मध्य द्वेष हो जिसके कारण जब आपको यह पता चला हो कि उसका बच्चा बीमार है और उसके जीने की उम्मीद कम है तो आपने अफसोस व्यक्त करने की बजाय खुशी जाहिर की हो। तब आप भूल गये

हों कि वो बच्चा निर्दोष है, परन्तु उस समय जो भाव आपके हृदय में उत्पन्न हुए उन भावों से उस पिता को कितना दर्द हुआ होगा। एक तो वो पहले ही बच्चे के गम में तड़प रहा था ऊपर से आपने ऐसी बात की हो, जो उसके हृदय को चीर गयी। बस उस वक्त आपके पाप-कर्म बँध गये।

अब हम दूसरे तरीके से सोचते हैं आप एक महिला हैं और आप पूर्व भव में या इस भव में या हो सकता है तत्काल में ही किसी ऐसी महिला को जानती हैं जो बच्चे पैदा करने में शारीरिक रूप से सक्षम नहीं है और आपको उसको किसी अन्य कारण से पसन्द नहीं करती। तब कभी आपने उसकी इस कमजोरी को उसको नीचा दिखाने का साधन बनाया हो या कभी क्रोधावेश में कह दिया हो, "अच्छा है वो माँ नहीं बन पा रही। ऐसी औरतों को माँ बनना ही नहीं चाहिए। उसके अन्दर तो माँ की ममता ही नहीं" ऐसा कई बार जीवन में प्रसंग आता है, जब हम सामने वाले का दृष्टिकोण नहीं देखते अपितु उसकी कमी पर ही दृष्टिपात करते हैं और ऐसे कटु वचन बोल देते हैं जो भविष्य में स्वयं के लिए घातक होते हैं एवं कर्मबन्ध का कारण बनते हैं। कभी उन स्त्रियों की मानसिक स्थिति के बारे में विचार किया जो इस मातृत्व के वरदान से वंचित हैं जिन्हें प्रकृति ने माँ बनने के सुख से विहीन रखा, क्या मनः स्थिति होती होगी ? कितना दर्द उनके हितों में होता होगा ? और हम और ये समाज विशेष तौर पर महिलाएँ, उनके दर्द को समझे बिना ही उनके शारीरिक दोष के लिए उन्हें प्रत्यक्ष या अप्रत्यक्ष रूप से दोषी ठहराते हैं, ताने मारते हैं, और कहीं-कहीं तो उनके साथ हिंसक व्यवहार भी किया जाता है। तलाक जैसी घटनाएँ भी आम बात है। हम इसी प्रकार से विचार

करेंगे......हे आत्मा! मैंने अनजाने या जाने में किसी महिला का दिल दुखाया होगा उसके माँ न बन पाने पर उसका मजाक उड़ाया होगा इसलिए ईश्वर आज मुझे मातृत्व के सुख से वंचित करके मुझे उस दुःख का अहसास करवाना चाहते हैं, हे आत्मा! मैं एक स्त्री होकर स्त्री का दुख नहीं समझ सकी। उस महिला को कितनी तकलीफ होगी इस बात की और मैंने ऊपर से अपने तीखे वचनों से उसको ठेस पहुँचाई होगी तो उसके दिल पर क्या बीती होगी। आज मेरा पति मेरा परिवार सब मेरे साथ हैं तब मैं अपने बेटे को खोने का सोचकर ही कितना आकुलित हो रही हूँ मैंने। हे आत्मा! हो सकता है उसकी इस कमी के कारण और मुझ जैसी संवेदनहीन महिलाओं के तानों के कारण या किसी के बहकावे में आकर उसके पति ने उसे बाँझ कहकर छोड़ दिया हो तब उसकी कितनी दयनीय स्थिति हुई होगी। मुझे अब उसका दर्द समझ आ रहा है जब मेरा बच्चा मुझसे दूर जा रहा है, काश! कि में ऐसे कड़वे वचन बोलने के पहले, किसी का दिल दुखाने के पहले थोड़ा-सा विचार कर लेती तो शायद आज मेरे बच्चे की ये स्थिति नहीं होती। मैं ही इस परिस्थिति की जिम्मेदार हूँ और जो मैंने दुष्कार्य किया है उसके लिए जो मुझे सजा मिल रही है मैं उसके ही लायक हूँ।

यहाँ गौर करने योग्य बात यह है कि जब भी हमारी जिन्दगी में कोई समस्या आती है तो हम अपना कष्ट देखकर रोना बिलखना प्रारम्भ कर देते हैं, जबकि ऐसा करने से और कर्म बन्ध होते हैं ऐसे समय में अपने स्वयं के किये हुए कर्मों का फल मानकर, समता भाव रखते हुए, ईश्वर की भक्तिपूर्वक उस समय को बिताना चाहिए। साथ-ही-साथ पूरे हृदय से पूर्व में किए हुए उन कर्मों के लिए क्षमा याचना एवं प्रायश्चित करना चाहिए।

"अपने दुःख से सभी रोते हैं सभी आँसू बहाते हैं, लेकिन अगर जीवन में मिरेकल चाहते हो तो अपने आपको आँसुओं से पूरा भिगो दो। परन्तु ध्यान रहे जो अश्रुधारा आपके नयनों से बहे वो आपके दुःख की न

हो सिर्फ और सिर्फ प्रायश्चित के आँसू ही आपके पास रूपी मैल को धो सकते हैं।"

जब आप अपने दुःख को भूलकर उस व्यक्ति या जीव के दुःख को महसूस करके रोएँगे तब जो आँसू बहेंगे वो ही आपके जीवन को सुखी बनाएँगे। जब आप सामने वाले के दुःख को समझेंगे तब ही आप के अन्दर प्रायश्चित के भाव आएँगे और कर्मों की निर्जरा होगी।

"प्रायश्चित के आँसू कर्मों के लिए रिमूवर का, जबकि इसके विपरीत दुःख के आँसू फिक्सर का कार्य करते हैं।"

मिरेकल करने के लिए, अपने आपको सभी परेशानियों से उबारने के लिए आपको अपनी आत्मा के सामने घुटने टेकने ही होंगे, आपको आत्मसमर्पण करना ही होगा। माना कि आपको पूर्व भव में किए हुए कोई भी सत्कार्य या दुष्कार्य याद नहीं हैं, परन्तु आप इस बात से भी कतई इनकार नहीं कर सकते कि आप जब 4 साल की उम्र में थे तब से लेकर आज तक की आपको प्रत्येक विशेष घटना याद है तो निश्चित तौर पर आपके द्वारा जाने-अनजाने में कभी ऐसा कोई काम हुआ होगा जिससे किसी दूसरे की आँखों में आँसू आये होंगे या दिल दुखा होगा तो क्रमशः उन सभी घटनाक्रम की याद करके हृदयपूर्वक क्षमा माँगते हुए प्रायश्चित करना है।

हमें अपनी आत्मा के सामने सारे कर्मों के लिए क्षमा माँगनी है। गलती को स्वीकार करते हुए, तभी आपकी सजा कम या खत्म होगी।

"आत्मसमर्पण से बेहतर कोई बचाव नहीं।"

इस बात को हम इस दृष्टान्त के द्वारा समझते हैं–

माना कि कोई बहुत खतरनाक आतंकवादी है जिसके

लिए सरकार की तरफ से आदेश हो कि उस आतंकवादी को देखते से ही उसका एनकाउंटर कर दिया जाये लेकिन किन्हीं विशेष कारणों से उस आतंकवादी का हृदय परिवर्तन हो गया या उसे ये अहसास हुआ कि अब उसका बचना मुश्किल है शायद इस कारण से ही परन्तु उसने आत्मसमर्पण का फैसला ले लिया, तो सोचने वाली बात यह है कि अगर वो आतंकवादी आत्मसमर्पण कर रहा है तो तब भी क्या पुलिस को देखते से ही एनकाउंटर कर देगी? जी नहीं बिल्कुल नहीं, लेकिन हाँ फिर भी उसको जेल जरूर ले जाएँगे, मुकदमा चलेगा, सजा मिलेगी लेकिन वो सजा मौत की नहीं होगी। इसके अलावा वह आतंकवादी अगर अपने सारे राज, गिरोह, उसके बॉस आदि सभी के बारे में बता दे और पुलिस का खबरी बन जाए तो उसके प्रति पुलिस और अदालत दोनों का रवैया और भी नरम हो जाता है। इसके अलावा उसकी सजा भी कम हो जाती है। बिल्कुल इसी प्रकार यदि हम भी अपनी आत्मा के सामने जिसको आपके सारे दुष्कार्यों के बारे में पता है, आत्मसमर्पण कर देते हैं और साथ ही साथ उन सभी कार्यों को जो याद हैं, अपनी गलती स्वीकार करते हैं तो आपके कर्मों की निर्जरा अवश्य होगी।

इस प्रकार जब हम अपने कर्मों के लिए प्रायश्चित करते हैं तो कर्मों की निर्जरा तीव्रता से होती है।

अब आप यहाँ प्रश्न कर सकते हैं कि सिर्फ एक स्वयं की आत्मा ही तो नहीं, जिसको कष्ट हो रहे हैं और भी लोग हैं जिनके प्रति हमारे द्वारा कोई अपराध हुआ हो तो उनसे क्षमा क्यों नहीं सिर्फ आत्मा से ही क्षमा क्यों?

तो इसका जवाब यह है कि निश्चित तौर पर आपने असंख्यात बार असंख्यात लोगों के साथ गलत किया और वे सभी बहुत दुखी भी हुए, परन्तु क्या यह आपको याद है और अगर आपको याद है तो यह बहुत अच्छी बात है, आप अगर चाहे तो उनसे भी क्षमा माँग सकते हैं वैसे भी पर्युषण पर्व के बाद जैन समाज में क्षमा माँगने का कार्यक्रम रखा जाता है,

The only person that can save you... is you!

लेकिन क्या कभी किसी ने भी अपने दुश्मन से क्षमा माँगी नहीं। इसके दो कारण हैं—पहला हमें लगता है कि गलती हमारी नहीं, सामने वाले की है या फिर हमें अपनी गलती का अहसास होते हुए भी हम उससे क्षमा नहीं माँग पाते, क्योंकि हमें डर रहता है कि कहीं ऐसा न हो कि हम क्षमा माँगने जाएँ और उनका क्रोध और ज्यादा बढ़ जाये।

इसी तथ्य को ध्यान में रखकर यह कहा गया है कि क्षमा आत्मा से माँगें लेकिन उस व्यक्ति को दु:ख दिया यह सोचकर। मतलब जो भी गलत कार्य आपने किया है चाहे वो किसी के भी प्रति हो उसके लिए प्रायश्चित लेना है और आपको जानकर बहुत आश्चर्य होगा कि जब आप मन ही मन किसी से किये गये गलत व्यवहार या कार्य के लिए क्षमा माँगते हैं तब आपके अन्दर के शुभ भाव आपके चेहरे का सौम्य भाव उसके हृदय को स्वत: ही परिवर्तित कर देता है आपके बिना कहे उसके हृदय में आपके लिए सद्भावना पैदा होने लगती है, जब आप मिरेकल करेंगे तो

आप स्वयं ही ये अनुभूत करेंगे, ऐसा मैंने हजारों बार महसूस किया है और आप भी अवश्य महसूस करेंगे। अगर हम सच में शर्मिंदा हैं अपनी गलती के लिए और उसका प्रायश्चित करना चाहते हैं तो हमें अपने अंदर की भावना को सदैव के लिए परिवर्तित करना होगा अर्थात हमारे अंदर होने वाला परिवर्तन भौतिक न होकर रासायनिक होना चाहिए, अब आप कहेंगे कि हृदय में भौतिक और रासायनिक परिवर्तन किस प्रकार हो सकता है, तो सबसे पहले तो हम किसी भी पदार्थ में होने वाले भौतिक व रसायनिक परिवर्तन को समझ लेते हैं।

जब हम पानी को फ्रीजर में कुछ समय के लिए रख देते हैं तो वह पानी बर्फ का रूप ले लेता है और अगर हम उसी बर्फ को कुछ समय के लिए फ्रीज़र से बाहर निकाल कर रख देते हैं तो वह पुनः पानी के रूप में परिवर्तित हो जाता है ठीक इसके विपरीत यदि इस पिछले हुए पानी को आग के संपर्क में रखते हैं और समुचित तापमान तक गर्म करते हैं तो वही पानी जो पहले बर्फ था, भाप के रूप में परिवर्तित हो जाता है लेकिन आग से दूर होने पर एवम् स्वाभाविक वायुमण्डल के सम्पर्क में आने पर पुनः शीतल जल प्राप्त होता है, यह भौतिक परिवर्तन है जो किसी दूसरे माध्यम के संपर्क में आने पर अपना रूप और गुण परिवर्तन करता है।

बिल्कुल ऐसे ही मानव स्वभाव एवम् मानव हृदय हैं जैसी संगति होती है वैसी ही मति और गति हो जाती है, जब हम किसी सत्संग में या किसी पवित्र स्थान अथवा मंदिर जाते हैं या किसी त्यागी महापुरुष को देखते हैं तब हमारे हृदय में भी वैराग्य के भाव आते हैं हमें भी ये दुनियाँ बेकार लगने लगती है लेकिन जैसे ही हम उनके प्रभावी क्षेत्र से दूर जाते हैं पुनः वही सांसारिक झमेले, भावनायें, कामनायें हृदय में पनपने लगती हैं, यही भौतिक परिवर्तन है जो परिस्थिति और निमित्त पर अपनी अवस्थायें बदलता है।

अब हम रसायनिक परिवर्तन समझते हैं, जब हम दूध को गर्म करते हैं और उसमें खटाई का कुछ अंश डालते हैं तो वह दूध फट कर पनीर या छैने का रूप ले लेता है लेकिन ऐसी कोई परिस्थिति नहीं होती जिससे इस पनीर को पुनः दूध बनाया जा सके, यही रासायनिक परिवर्तन है, तो.... हमें भी हमारे हृदय में जो विशुद्धि लानी है वो क्षणिक न होकर स्थाई होनी चाहिए तभी हमारे जीवन में होने वाले सुखद परिवर्तन स्थाई होंगे।

मिरेकल की क्रिया का तीसरा महत्वपूर्ण चरण है '**धन्यवाद**'।

ये शब्द ऐसा चमत्कारिक शब्द है जो सुनने वाले को प्रसन्न और बोलने वाले को सामने वाले के प्रति कृतज्ञता का अहसास करवाता है यह शब्द दो लोगों के मध्य एक सुदृढ़ रिश्ता बनाकर उन्हें करीब लाने का बहुत ही अच्छा माध्यम है। लौकिक तौर पर जब कोई व्यक्ति किसी के लिए कुछ करता है चाहे वह उसका कर्तव्य ही क्यों न हो एवं उसके बदले में सामने वाला व्यक्ति अपनी कृतज्ञता व्यक्त करते हुए धन्यवाद प्रेषित करता है तो यकीन मानिये कि दोनों के भाव विभोर हो जाते हैं एवं दोनों के मध्य का रिश्ता और प्रगाढ़ हो जाता है, और इसके विपरीत कृतघ्न बनकर स्वयं का जीवन दुखी बनाते हैं। जबकि जो भी हमें प्राप्त होता है वह हमारे किये हुए कर्मों के प्रतिफल के स्वरूप प्राप्त होता है। फिर भी हम दूसरों से असन्तुष्ट रहते हैं बजाय इसके कि हम अपने कर्मों में सुधार करें।

जब भी हमारे जीवन में कोई कमी आती है तब हम दूसरों को दोषारोपण करते हैं कि तुम्हारी वजह से मेरी जिन्दगी में अमुक परेशानी है या ये कमी है, अगर हम कर्म सिद्धान्त को आधार मानकर अपना जीवन व्यतीत करें तो यह दु:ख यह तकलीफ शायद कुछ कम हो जाये। एक बहुत छोटा-सा उदाहरण है यदि आप एक बॉल को दीवार पर मारते हैं तो उसी वेग से वह वापिस हमारे पास आ जाती है ठीक इसी प्रकार जब हम कोई क्रिया करते हैं तो उसी तीव्रता से प्रतिक्रिया होती है।

तो हम बात करते हैं कि जो भी हमारे जीवन में प्राप्त है उसके लिए हर पल धन्यवाद करते रहना चाहिए, लेकिन यह धन्यवाद किस को कहना है ? तो जैसा कि हम पहले से ही ये जान चुके हैं कि इस जगत में अगर कोई हमारा सच्चा साथी है तो वह सिर्फ हमारी आत्मा है बाकि सब कुछ पल कुछ महीने अथवा कुछ वर्ष के लिए आपके साथी हो सकते हैं, परन्तु एक आपकी आत्मा ही है जो आपके साथ अनादिकाल से है, और हर सुख-दुःख, पुण्य-पाप, सम्मान-अपमान, संयोग-वियोग में प्रत्येक परिस्थिति में हमारे साथ है, इस दुनिया में हमें लाने वाली हमारी जननी, हमारी माँ भी हमेशा हर परिस्थिति में हमारा साथ नहीं देतीं। अगर बच्चे गलत हों या गलत राह पर चल रहे हों अथवा माँ-बाप को समुचित सम्मान न देते हों, तब उनके जन्मदाता, उनके माँ-बाप ही अपने प्राणों से प्रिय बच्चों का साथ नहीं देते, इसके अलावा हमारे आसपास अनेकों लोग हैं जिन्हें हम अपना मानते हैं जिनके लिए या जिनके कहने पर हम उचित अनुचित का विचार किये बिना ही कोई भी कार्य कर लेते हैं, वे सभी भी आवश्यक नहीं कि वक्त पड़ने पर आपका साथ दें। प्रत्येक व्यक्ति, प्रत्येक रिश्ते की एक मर्यादा एक सीमा एवं विशेष क्षमता होती है उसके अनुरूप पर ही वो आपका साथ दे सकता है क्योंकि जब आँधी चलती है

तब कोई भी हो सबसे पहले अपने घर के दीपक को बुझने से बचाएगा, तत्पश्चात किसी और के बारे में विचार करेगा। परन्तु ये आत्मा ही एक ऐसी परम् मित्र है, जो सदैव से आपके साथ है, आपके लिए समर्पित है, फिर भी हम इस आत्मा को छोड़कर दूसरों से प्रेम करते हैं, दूसरों के द्वारा आपके जीवन में थोड़ा-सा भी सहयोग या उपकार आपके हृदय में उसके लिए अगाध प्रेम उत्पन्न कर देता है। आप उनके प्रति कृतज्ञ हो जाते हैं और ऐसा होना भी चाहिए, आप उन सभी को हृदय से धन्यवाद देते हैं, उनका आभार प्रगट करते हैं, उनके प्रति जिम्मेदारी का अहसास करते हैं, जिन्होंने आपको कभी कोई छोटी या बड़ी खुशी दी है और समय-समय पर प्रयास करते हैं कि आप भी उन्हें खुशी दे सकें, और देना भी चाहिए। आपको मानव जन्म मिला है, आपको, दिल और दिमाग मिला है, आपको अच्छा बुरा समझने की क्षमता प्राप्त है, फिर आप अपनी क्षमताओं का प्रयोग करके यह भी समझ सकते हैं कि इस दुनिया में कौन है जो आपके जन्म से लेकर मृत्यु तक आपके साथ है? किसने हर सुख-दु:ख में आपका साथ दिया? कौन है जो अनादिकाल से आपको अपना सहयोग दे रही है? तो इसका जवाब है आपकी स्वयं की अन्तरात्मा जो आपके अन्तस् में विराजमान है आपके भीतर प्राण ऊर्जा के रूप में, जब आप अपने ज्ञान चक्षु से यह जान लेंगे कि आपकी आत्मा ही आपकी परम मित्र है तो आपके हृदय से आपको रोम-रोम से आत्मा के लिए धन्यवाद निकलेगा, एवं जिस दिन आपने अपनी आत्मा को धन्यवाद करना प्रारम्भ किया। उस दिन, उस पल से यह आत्मा आपके लिए और ज्यादा सजग और हितैषी बन जायेगी।

> **"कृतज्ञता एक अद्भुत एहसास है जो आपको सद्भाव एवम् आत्मबल से परिपूरित करता है।"**

आपको अपनी आत्मा को धन्यवाद देने का एक कारण और है कि आप बचपन से कभी माँ-बाप द्वारा कभी गुरुओं द्वारा कभी दूसरे बुजुर्गों द्वारा कभी-न-कभी किसी-न-किसी रूप में यह बात सुनते आये हैं कि जैसी करनी-वैसी भरनी, या जैसा कर्म करोगे वैसा फल मिलेगा। लेकिन फिर जब भी कोई समस्या आती है जिन्दगी में तब हमें कोई ऐसा कन्धा ढूँढ़ते हैं जिस पर हम इन सभी परेशानियों की जिम्मेदारी सौंप सकें, जिस पर हम आरोप लगा सकें, कभी भी हमने स्वयं की गलती स्वीकार नहीं की सदैव ही दूसरों पर दोषारोपण किया। लेकिन अगर यह पुस्तक पढ़कर आज आपको यह बात समझ में आ जाये और आप 100 प्रतिशत जिम्मेदारी स्वयं पर लेने को तैयार हो जाएँ तो सर्वप्रथम अपनी आत्मा को धन्यवाद कहियेगा क्योंकि मेरे कहने से तो आप इस बात को स्वीकार कतई नहीं करेंगे जब आपके माता-पिता, साधु, शिक्षक, धर्म गुरु, धर्म ग्रन्थों की कही हुई बात आपने नहीं मानी, तब आप मेरी बात क्यों मानेंगे ?हाँ अगर आप आज यह बात अथवा कर्म सिद्धान्त मानने के लिए तत्पर हुए हैं तो यह भी आपकी अन्तरात्मा की वजह से है। आपकी अन्तरात्मा ही है जिसने आज आपको बोध करवाया है कि अभी तक जो आप दूसरों को दोषारोपण करते आये हैं वो गलत है आपके जीवन में होने वाली प्रत्येक घटना दुर्घटना के जिम्मेदार आप स्वयं हैं, अगर आज आप कर्म सिद्धान्त को समझ गये हैं तो इसका श्रेय भी आपकी आत्मा को ही है, अतः बहुत ही कृतज्ञता के साथ आपको अपनी आत्मा का धन्यवाद कहना चाहिए।

> **हमारा जीवन तब कुंदन की तरह बनता है जब हम जीवन में कमी के उपरांत भी सन्तुष्ट रहकर जो है उसके लिए धन्यवाद करते हैं।**

मिरेकल का अंतिम और महत्वपूर्ण चरण है **I love you**

I love you का तात्पर्य है किसी के प्रति अपने प्रेम अथवा समर्पण को व्यक्त करना, यह शब्द जिस से भी कहा जाता है वह स्वतः ही चाहते हुए या न चाहते हुए आपके लिए अच्छे विचार रखने लगता है चाहे उसके पहले वो आपको पसन्द न करता हो लेकिन उस क्षण के बाद वह व्यक्ति, पुरुष या महिला आपके लिए भी अच्छे भाव रखने लगता है, आपके हित में सोचने लगता है यही सिद्धान्त है, क्योंकि जब आप किसी को प्यार प्रदर्शित कर रहे हो कि आप उसका ध्यान रखना चाहते हो, उसको खुश देखना चाहते हो, उसको सफल देखना चाहते हो और उसकी इन सभी खुशियों से आप भी उतने ही खुश हो या ऐसा कहें कि जब आप किसी से प्यार करते हैं तब उससे जुड़ना चाहते हैं, उसका साथ चाहते हैं और जब हम किसी से जुड़ते हैं तब वो सारी खुशियाँ जो हम अपने लिए चाहते हैं वो सारी खुशियाँ उसके लिए भी चाहते हैं और जब यह भावना सामने वाले व्यक्ति के हृदय तक पहुँचती है तब स्वभावतः ही वह भी आपके लिए उन्हीं भावनाओं से ओत-प्रोत हो जाता है और आने वाले समय में दोनों ही पक्ष एक-दूसरे के लिए हितैषी बन जाते हैं।

अतः जब हम जानते हैं कि आत्मा को जो आपके साथ अनादिकाल से है आपके लिए समर्पित है, आपके अच्छे बुरे वक्त में आपके अन्दर विराजमान होते हुए आपको सावधान करती है। आपको अहसास करवाती है कि क्या गलत है, क्या सही ? कौन-सा कार्य करने योग्य है, कौन सा नहीं अथवा जिस मार्ग में आप चल रहे हैं वो सही है या नहीं, क्योंकि आपकी अन्तरात्मा ही है जो आपके हर कदम उठाने के पहले ही जानती है कि आप क्या कर रहे हैं या करने वाले हैं जो आपके हर कदम उठाने के पहले ही आपकी आत्मा ही मात्र एक ऐसी साथी है, जो आपके प्रत्येक कर्म के करने के समय में एवं उनके भोग के काल में भी आपके साथ रहती है अन्यथा आपके माँ-बाप, भाई-बहन, रिश्तेदार अथवा मित्र या कोई और जिन्हें आप अपना मानते हैं, वो आपकी नजर में आपके सब कुछ हैं, जो हमेशा आपके साथ रहते हैं वे भी अगर आप कोई गलत या अनैतिक कार्य कर रहे होंगे जिसमें तत्काल में तो सुख अथवा फायदा होने की सम्भावना हो, परन्तु आगामी समय में वह कार्य दुखदाई साबित हो सकता है अथवा भविष्य में उसके परिणाम शुभ न हों; तब उस समय तो आपके तथाकथित मित्र आदि आपका साथ दे देंगे, लेकिन जब उस कार्य का दुष्परिणाम सामने आएगा तब वे सभी आपसे कोसों दूर हो जाएँगे। तब उस कठिन घड़ी में अगर कोई आपके साथ होगा जो तो वो होगी सिर्फ

और सिर्फ आपकी अपनी आत्मा, तो वो कुछ लोग जो आपकी जिन्दगी में कुछ समय के लिये आते हैं आपके मित्र बनकर आपकी थोड़े से समय के लिये केयर करते हैं। आपका थोड़ा साथ दे देते हैं तब भी आप उनसे प्यार करने लगते हैं। उन्हें अपना मानने लगते हैं, उनके लिए समर्पित हो जाते हैं। विशेष तौर पर जब आप यौवन अवस्था में होते हैं तब अगर कोई लड़का या लड़की जो कि आपसे विपरीत लिंग का हो, अगर आपकी केयर कर लेता है, आपका साथ निभा निभा देता है या थोड़ी-सी ही आपकी तारीफ कर देता है, आपके लिए किसी से लड़ लेता है, तो आपको वो दुनिया में सबसे प्यारा हो जाता है, इतना ज्यादा प्यारा हो जाता है कि उसके लिए आप सारी दुनिया तो क्या अपने जन्मदाता माँ-बाप को भी छोड़ने को तैयार हो जाते हैं, आपको उसमें भगवान नजर आने लगता है, जो है वही है और कोई कुछ नहीं। हम उसके बिना नहीं जा पाएँगे, हम मर जाएँगे, बस कुछ समय का प्यार आपकी जिन्दगी बन जाता है और प्यार करने वाला आपकी जान।

परन्तु यहाँ प्रश्न यह उठता है कि अगर 2 या 4 साल अथवा इससे कुछ ज्यादा या कुछ कम समय साथ में बिताने पर या इतने समय आपकी केयर करने पर अथवा साथ देने पर अगर आप किसी से इतना प्यार कर सकते हो तो क्या यह आत्मा जो आपके अन्दर अनुरूप साथी मिलते हैं बिछड़ते हैं कोई भी आपका साथ हमेशा के लिए नहीं दे सकता, सिर्फ यह आत्मा ही है जो शरीर बदलने के बाद भी आपके साथ रहती है आपके अच्छे बुरे सभी कर्मों के परिणाम को आपके साथ भोगती है। किसी भी जन्म का किया हुआ कार्य किसी भी अन्य जन्म अथवा योनि में फलित होता है परन्तु यह आत्मा हर परिणाम को भोगती है, क्योंकि यही

> **"अगर आप किसी से प्रेम सम्बन्ध बनाना चाहते हैं तो अपनी आत्मा को चुने क्योंकि वही है जो कभी बेवफाई नहीं करती।"**

आपकी सच्ची या यूँ कहे कि परम मित्र है, तब क्या यह आत्मा भी आपके प्यार की हक़दार नहीं ? ?

सही मायने में देखें तो यही आपकी स्वयं की आत्मा ही है जो आपके प्यार के हकदार है, लेकिन विडम्बना यह है कि हम सदैव ही किसी रूप किसी आकार या किसी रचना के माध्यम से ही किसी से प्यार करते हैं जब तक उसका अस्तित्व हम अपनी आँखों से न देख ले तब तक हम उसे कैसे प्यार करें ?लेकिन क्या हमने कभी भगवान को देखा है, परन्तु उसके अस्तित्व को स्वीकार करते हैं, क्योंकि हमने उनके चमत्कार अथवा उनकी शक्तियों को महसूस किया है। बिल्कुल इसी प्रकार कभी न कभी आपने अपनी आत्मा की आवाज को भी महसूस किया होगा। जब कभी आप परेशान होते हैं, जब आपको ऐसा लगता है कि आपको कोई रास्ता नहीं मिल रहा तब जो आवाज आपके अन्दर से आती है वो आपकी आत्मा की ही आवाज होती है। तो अदृश्य रूप में ही सही आत्मा आपके अन्दर विराजमान है यह अगर आप स्वीकार करते हैं तो उसके समर्पण एवं प्यार को भी स्वीकार करना होगा, और जब कोई हमें प्यार करता है तो हमें भी उसको प्यार करना चाहिए। अन्यथा उसका प्यार भी धीरे-धीरे कम होता जायेगा।

कुछ लोग जिन्दगी भर गलत कार्य करते रहते हैं और उन्हें रंच मात्र भी शर्मिंदगी नहीं होती, क्योंकि लम्बे समय तक या यूँ कहें कि कई जन्मों तक उनकी आत्मा ने उनसे अथाह प्रेम किया। परन्तु उन्होंने उस आत्मा को अनदेखा किया, उस आत्मा के प्रति कोई सद्भावना नहीं रखी होती तो आज उनकी आत्मा जो अन्दर रहते हुए समय-समय पर सचेत करती थी अपने प्यार का संकेत देती थी उस आत्मा ने भी मौन धारण कर लिया। आपने सुना होगा कुछ लोगों के लिए हम कहते हैं कि उनका जमीर मर गया है। ये वही लोग हैं, जो स्वयं से कभी प्यार नहीं करते।

हम जिन्दगी में हर उस व्यक्ति को याद करते हैं जिसके साथ थोड़ा-सा अच्छा समय बिता लेते हैं, लेकिन कभी अपने आपको मिस

नहीं करते, कभी एकान्त में अपना बचपन याद करें कि आप क्या थे? कैसे थे? और अब वक्त और परिस्थिति के साथ कैसे हो गये? बचपन में हम अपनी आत्मा से कितना जुड़े थे, सिर्फ उस आत्मा से ही प्यार करते थे फिर अपनी माँ, फिर अपने पिता और परिवार वालों से प्यार करना प्रारम्भ किया। जैसे-जैसे दूसरों के करीब होते गये, स्वयं से दूर होते गये, अपने बारे में सोचना बन्द कर दिया।

> **"प्रेम से शक्तिशाली एवम् स्थाई कोई वशीकरण नहीं।"**

बच्चे भगवान के करीब होते हैं ऐसा इसलिए ही बोलते हैं क्योंकि वो दुनिया और दुनियादारी से दूर होते हैं। सिर्फ अपनी आत्मा के करीब होते हैं इसलिए वे निश्छल होते हैं उनके प्रति सबके और सबके प्रति उनके निर्मल भाव होते हैं, तो एक बार पुनः हम अपने आपको याद करें कि हम वास्तविकता में क्या हैं? कैसे हैं? हमारा अस्तित्व क्या है? जो हम कर रहे हैं क्या यही करने इस दुनिया में आये हैं? मानव जीवन को पारसमणि के समान अनमोल है वो क्यों मिला है? इसका सदुपयोग कैसे करें। इन सबका जवाब आपके पास ही है।

जब हम किसी स्कूल में एडमिशन लेते हैं तब क्या हमेशा उस स्कूल में रहने के लिये ही एडमिशन लेते हैं अथवा किसी गाड़ी में चढ़ते हैं तो क्या हमेशा उसमें बैठे रहने के लिए चढ़ते हैं? नहीं न। उसके पीछे हमारा विशेष उद्देश्य होता है स्कूल में जाते हैं, पढ़ाई करके कुछ बनकर अपने जीवन यापन हेतु कुछ बनकर दिखाना, गाड़ी में चढ़ते हैं अपनी मंजिल तक पहुँचने के लिए।

बिल्कुल इसी प्रकार जब हम यह मानव जीवन मिला है तो इसका भी कुछ विशेष उद्देश्य होना चाहिए और है भी। हम सभी जानते हैं कि एकमात्र मनुष्य योनि ही है जहाँ से मोक्षमार्ग खुला है, और वही आखिरी मंजिल है जहाँ जाकर ही 84 लाख योनियों में भटकना बन्द हो सकता है।

तो हमें अपने आपसे, अपनी आत्मा से इतना प्यार करना है जितनी किसी से कभी किया ही नहीं। सिर्फ, उसका ही सुख देखना है, सुख से तात्पर्य लौकिक सुख नहीं बल्कि शाश्वत सुख, अनन्त सुख जहाँ दुख का लेशमात्र भी न हो। अपनी आत्मा से प्रेम करना है न कि मोह, मोह में अच्छे-बुरे का ज्ञान नहीं होता बस तात्कालिक सुख ही ध्यान में रहता है। परन्तु हमें अपनी आत्मा के साथ हित, मित, और प्रिय व्यवहार करना चाहिए। ऐसा प्यार जो इस आत्मा को इस संसार के दुखों से मुक्त कर दे, जब हम अपने बच्चों को किसी प्रतियोगी परीक्षा की तैयारी करवाते हैं तब यह कहते हैं बेटा अभी कुछ समय मेहनत कर लो, सर्व सुखों का त्याग कर दो, फिर सारी जिन्दगी सुख से बिताना, ऐसा ही बोलते हैं न ? फिर जब एक जॉब के लिए या किसी विशेष पद के लिए सारे लौकिक सुख छोड़े जा सकते हैं तो क्या उस अनन्त सुख की प्राप्ति के लिए हम सिर्फ कषायों को नहीं छोड़ सकते ?

कहने का तात्पर्य यह है कि हम सिर्फ और सिर्फ अपनी आत्मा से सच्चा प्रेम करें। इसका मतलब यह नहीं कि बाकी सबसे नफरत करें, सभी के प्रति समभाव रखें, परोपकार की भावना रखें, परन्तु मोह न रखें, सदैव आत्म कल्याण करते हुए दूसरों का कल्याण भी करें, कोई भी कार्य करें यह विचार करके करें कि कहीं आत्मा के सुख में बाधा तो नहीं आएगी मेरे इस कर्म से। अपनी आत्म के प्रेम करने का तात्पर्य ही यह है कि आप सदैव उसके हित में ही कार्य करेंगे और उसका हित मतलब आपका हित।

"जिस पल से आप अपनी आत्मा से प्रेम करना प्रारम्भ करते हैं उस क्षण से ही आपके जीवन में सुखों का आगमन और दुखों का निर्गमन प्रारम्भ हो जाता है, क्योंकि आप सिर्फ उसके हित में ही कर्म करते हैं जो कि सिर्फ पुण्यवर्धक होते हैं पुण्य के आने से पाप का विलय स्वत: ही हो जाता है।"

अत: अपनी आत्मा से प्रेम करना प्रारम्भ करें और साथ ही अभिव्यक्ति भी परम् आवश्यक है। बार-बार अपने प्रेम का प्रदर्शन भी करें एवं अपने जीवन को सुखों से परिपूरित करें।

"जिस तरह अपने अन्य भाव जैसे कि क्रोध एवं नफरत का प्रदर्शन करते हैं उससे कहीं ज्यादा प्रेम का प्रदर्शन आवश्यक है।"

यहाँ मिरेकल का अंतिम और सबसे महत्वपूर्ण चरण समाप्त होता है। मिरेकल के चारों ओर महत्वपूर्ण चरण पूर्ण करने के उपरान्त हम जब उन सभी कर्मों के प्रति क्षमा माँग चुके हैं जिनके द्वारा हमने किसी को जाने-अनजाने में दु:ख दिया एवं प्रायश्चित भी कर चुके हैं साथ ही साथ अपनी आत्मा के प्रति कृतज्ञ होते हुए उससे प्रेम करना भी सीख गये हैं। अब एक आखिरी क्रिया जिससे हम अपने जीवन को एक नया रूप दे सकते हैं वह क्रिया है मांजन क्रिया, जिसमें उन सारे कर्मों को धोने का कार्य करना है जो आपके खुशहाल जीवन में अँधेरा कर रहे हैं, आपके उज्जवल भविष्य को मैला कर रहे हैं, अत: इस मांजन क्रिया में उन सभी कर्मों के निर्जरा हेतु बार-बार प्रार्थना करनी है वो भी इस प्रकार-

हे आत्मा मेरे द्वारा किये हुए जाने अनजाने में किये हुए सभी कर्म जिनके द्वारा किसी भी जीव को मन-वचन काय से कष्ट हुआ हो वे सभी कार्य मिथ्या हो अथवा उन सभी कर्मों की निर्जरा हो जाये मैं ह्रदय से प्रायश्चित करता हूँ मुझे क्षमा प्रदान करें।

"मेरे सभी कर्मों की निर्जरा हो, निर्जरा हो, निर्जरा हो।"

ऐसा कहते हुए मन में अत्यन्त दु:ख और अफसोस के साथ बार-बार कर्मों की निर्जरा हेतु प्रार्थना करनी है। मगर यह प्रार्थना करते

वक्त मन में रंच मात्र भी अपनी गलतियों के प्रति संशय नहीं रखना अर्थात् शत-प्रतिशत जिम्मेदारी स्वयं पर ही रखनी है, तभी मिरेकल सम्भव है। साथ-ही-साथ पश्चाताप की भावना आपके जीवन में सकारात्मक परिवर्तन अवश्य लाएगी।

इस क्रिया के द्वारा जो कि इस पुस्तक में बताई गयी है अगर आप मन-वचन- काय की एकाग्रता रखेंगे एवं हृदय से प्रायश्चित का अनुभव करते हुए अपने जीवन में घटित होने वाली सभी घटनाओं की जिम्मेदारी शत-प्रतिशत स्वयं पर लेंगे तो अपने जीवन में नित नये चमत्कार कर पाएँगे। आपका जीवन खरे सोने की तरह निखर जायेगा। आपके जीवन के बहुत सारे दुःख, परेशानियाँ धीरे-धीरे कम होती जाएँगी। इसका सबसे बड़ा और अहम् फायदा यह होगा कि कर्म सिद्धान्त को समझने के कारण आप कभी कोई गलत कार्य ही नहीं करेंगे और जब गलत कार्य नहीं करेंगे तो उनके गलत परिणामों से भी बचेंगे एवं आपके अन्दर भी विशुद्धि आएगी। आप अपने किये हुए कर्मों का परिणाम समझ कर जो भी आपके जीवन में घटित हो रहा है उसको सहर्ष स्वीकार करेंगे जीवन में आकुलता का अभाव और निरकुलता का प्रादुर्भाव होना प्रारम्भ हो जायेगा।

इस क्रिया को अपने अन्दर आत्मसात करके आप अपने जीवन को कुन्दन की तरह बना सकते हैं।

आशा है कि आप सभी मिरेकल के द्वारा अपने एवं अपनों के जीवन को अवश्य सुधारेंगे।

मिरेकल

संक्षेप में

अब अंतिम में एक बार पुनः अति संक्षिप्त में हम मिरेकल की क्रिया को समझ लेते हैं जिससे जो लोग सम्पूर्ण पुस्तक प्रमाद वश अथवा अन्य किसी कारणवश न पढ़ पाये वे भी इस क्रिया को सहज, सरल एवम् संक्षिप्त मानकर एक बार अवश्य करने का मन बनायें क्योंकि यही एक प्रक्रिया है जो आपको जीवन के दुःखों के साथ जन्म मरण के दुःखों से मुक्त करवा सकती है क्योंकि जब तक सभी कर्मों की निर्जरा नहीं होती तब तक उनको भोगने हेतु हमें चौरासी लाख योनियों में भ्रमण करना ही होगा एवम् दुखों के सागर में भटकना ही पड़ेगा इसलिए ये छोटी सी क्रिया हर पल जब भी आपके हृदय में किसी कष्ट का अहसास हो तब उसी क्षण प्रारम्भ कर दें चाहे वो कोई भी स्थान हो कैसी भी परिस्थिति हो, बस हृदय से प्रायश्चित के भाव रखते हुए यह यह क्रिया इस प्रकार है।

सबसे पहले यह स्वीकार करना है कि मेरे जीवन में होने वाली सभी अच्छी बुरी घटनायें मेरे द्वारा किये हुए कर्मों का ही परिणाम है एवम् इनके द्वारा जो कष्ट या परेशानी सबसे ज्यादा मेरी आत्मा को हो रही है, वह आत्मा जो अनादिकाल से मेरे साथ हैं, जो मेरी सच्ची साथी है उसी आत्मा को मेरे कारण इतना कष्ट झेलना पड़ रहा है, इस प्रकार के भाव रखते हुए निम्न प्रकार से मिरेकल की क्रिया करनी है, अपनी आत्मा से अंतर्मुखी होकर बात करनी है जब आप यह क्रिया करें तब सिर्फ अपनी आत्मा को

महसूस करें उसके अस्तित्व को अपने अंदर प्राण ऊर्जा के रूप में स्वीकार करें एवम् मन, वचन और काय की एकाग्रता के साथ अपनी आत्मा से कुछ इस प्रकार बात करें।

I am sorry my dear soul

हे आत्मा मुझे अफ़सोस है कि मैंने इस जन्म अथवा पूर्व के जन्मों में जाने अनजाने में ऐसे कार्य किये जो आज दुःख रूप में परिणत होकर मेरे निमित्त से तुम्हें दुःख पहुँचा रहे हैं, हे आत्मा मुझे अफ़सोस है कि मैंने ऐसे कार्य किया इसलिए आज मुझे बहुत खेद हो रहा है मैं सच में ग्लानि महसूस कर रहा हूँ।

I am really really sorry

इस प्रकार खेद व्यक्त करते हुए अपनी गलती को स्वीकार करने के उपरांत अपनी आत्मा से क्षमा मांगना है।

अपनी आत्मा से अपने पूर्व में किये हुए कर्मों के लिए खेद व्यक्त करने के उपरांत अपनी गलती को महसूस करते हुए मन वचन काय से प्रायश्चित करते हुए क्षमा माँगना है।

Please please please forgive me

अपने आपको धिक्कारते हुए कि जब मेरे द्वारा किसी को कष्ट दिया गया होगा और वो परेशान दुखी हुआ होगा तब मैंने उस दुःख को नहीं समझा आज जब मैं परेशान हूँ तब मुझे उस तकलीफ का अहसास है काश मैंने ऐसा कुछ किया ही नहीं होता तो आज मुझे, मेरी आत्मा को इतनी तकलीफ नहीं होती ऐसा सोचते हुए उस व्यक्ति के बारे में उसकी तकलीफ के बारे में सोचते हुए उसके दुःख से दुखी होकर अगर आपके नेत्रों से अश्रुधारा बह गई तब आप समझ लीजिये कि आपकी जिंदगी के कष्ट जल्दी ही खत्म होने वाले हैं अगर आप इतनी विशुद्धि अपने अंदर लेकर चलते हैं कि अपने दुःख को भूलकर दूसरे के दुःख के लिए आँसू बहा सकते हैं तब ही आप मिरेकल कर सकते हैं, क्योंकि ये भी एक चमत्कार ही हैं कि जब आप स्वयं दुःख एवम् स्वयं को उसके दुःख का

दोषी मानकर उसके प्रति हृदय में क्षमा भाव रखें जब की हो सकता है तत्काल में वही आपके दु:ख का कारण हो फिर भी आप उसके साथ पूर्व में किये हुए दुर्व्यवहार अथवा अन्य गलत कार्य के लिए दु:ख हो और उसके लिए आँसू बहाये, ऐसी विशुद्धि सिर्फ माँ के हृदय में होती है अपने बच्चों के लिए इसलिए कहते हैं कि माँ से बढ़कर इस दुनिया में कोई रिश्ता नहीं, माँ को भगवान का दर्जा दिया गया है माँ के आँचल की तुलना उस पुष्प से की गई है जिसके सौरभ से सम्पूर्ण जगत सुरभित हो जाता है, एक माँ ही तो होती है सम्पूर्ण जगत में जो स्वयं के सुखों को त्याग कर बिना किसी स्वार्थ बिना किसी अपेक्षा के अपने बच्चों का हित सोचती है उनके सुखों के लिए स्वयं दु:ख अपना लेती है, तो अपने हृदय को भी माँ के आँचल

जैसा बनाना मिरेकल है, जिसमें अपने दुश्मन के लिए भी शुभ भाव हो, एवम् प्राणी मात्र के लिए सद्भाव हो, अगर ऐसा होगा तो आपके द्वारा कभी किसी का बुरा नहीं होगा और जब बुरा नहीं होगा तो उसका परिणाम कर्म सिद्धांत के अनुसार अच्छा होगा।

इस प्रकार अपने हृदय एवम् भावों को शुद्ध रखते हुए अपनी आत्मा से क्षमा माँगते हुए अपने अंदर की कलुषता एवम् नकारात्मकता जो कि हम दूसरों के लिए रखे हुए हैं उन सबसे मुक्त होने के साथ-साथ अपने कर्मों की निर्जरा करना है।

स्वयं की आत्मा से क्षमा माँगने के बाद अपनी आत्मा को धन्यवाद कहने का परमावश्यक कार्य करके उसके प्रति कृतज्ञता व्यक्त करेंगे।

Oh my soul thanks a lot

हे आत्मा मैं बहुत कम उम्र से जब मुझे अच्छे बुरे का ज्ञान भी नहीं था तब से कभी अपने माँ बाप, कभी अपने बुजुर्गों, कभी शिक्षक, कभी

धर्म गुरुओं से एक ही बात सुनते आ रहा हूँ कि हम जैसे कार्य करते हैं वैसा ही फल मिलता है, हमारा भाग्य हमारे पूर्वार्ध में किये हुए कर्मों को परिणाम है। परन्तु फिर भी कभी न अपने भावों में सुधर किया न ही कर्मों में हमेशा ही तात्कालिक खुशी और सुख के बारे में सोचा कभी किसी की बात नहीं सुनी। सदा ही मानमानी की और आज जब जीवन मैं उन सभी दुष्कर्मों का दुष्परिणाम प्राप्त हो रहा है तब सभी ने मेरा साथ छोड़ दिया किसी ने प्रत्यक्ष किसी ने अप्रत्यक्ष रूप से मुझे अकेला छोड़ दिया। अब इस परेशानी में सिर्फ तुम ही मेरे साथ हो, मेरी आत्मा तुम ही हो जो मेरे दुःख में मेरे साथ दुःखी हो।

जब मुझे सभी ने समझाया था कि बुरे कर्मों का नतीजा बुरा होता है तब मुझे समझ नहीं आया परन्तु आज यह बात मुझे समझ आ गई है क्योंकि आज मेरी आत्मा ने मुझे आवाज लगा के मुझे जगाया, आज मेरी अंतरात्मा की आवाज ने मुझे झकझोरा तब कहीं जाकर मुझे अपनी गलती का अहसास हुआ, हे आत्मा तू ही मेरी सच्ची साथी है सच्ची गुरु, मार्गदर्शक है तेरे उचित मार्गदर्शन के लिए एवम् मुझे मेरी गलती का अहसास करवाने के लिए तुझे बहुत-बहुत धन्यवाद।

Very very thank you my dear soul

आत्मा को धन्यवाद करने के उपरांत चतुर्थ चरण में अपनी आत्मा के प्रति प्रेम व्यक्त करना है

I love you my dear soul

हे आत्मा तू अनादिकाल से मेरे साथ है प्रत्येक योनि में, प्रत्येक दुःख सुख में, प्रत्येक कर्म में, प्रत्येक कर्मों के परिणाम के भोगने में। मेरी आत्मा एक तू ही है जो मेरा साथ कभी नहीं छोड़ती, तू ही मेरी सच्ची साथी है तूने अपने प्रेम के रूप में मुझे सदैव साथ दिया परन्तु मैंने हमेशा ही तुझे उपेक्षित करके दूसरों से प्रेम किया दूसरों के पीछे भाग, दूसरों के लिये तुझे दुःख दिया। किसी ने मुझे उपेक्षित किया, अपमानित किया, मुझसे नफरत की तब मैंने उसके लिए, उसके प्रेम में आकुलित व्याकुलित होकर

हे आत्मा तुझे और दुःख दिया तुझे और उपेक्षित किया कभी तेरी कद्र नहीं की सदैव दृष्टि बाहर की ओर राखी कभी अपने अंदर झाँका ही नहीं, मैंने उस आत्मा को देखा ही नहीं जो सदा से सिर्फ मेरी है और जब तक मैं मुक्त नहीं हो जाता इस जन्म मरण के जंजाल से तब तक तेरा साथ ही है जो हमेशा मेरा रहेगा।

मेरी आत्मा अगर मैं यथार्थ में तुझसे प्रेम करता तो कभी कोई गलत किया ही नहीं होता, परन्तु आज मुझे अहसास हुआ है कि सिर्फ मेरे कारण तुझे इतने कष्ट सहने पड़ रहे हैं, हे आत्मा अब मैं तुझे प्यार करता हूँ और जिससे प्रेम करते हैं उसके लिए सदैव हित सोचते हैं अतः आज से नहीं बल्कि अभी से मैं सिर्फ वे ही क्रिया करूँगा जो सिर्फ मेरी आत्मा के हित में हो मेरे प्रेम का यही सही प्रदर्शन एवम् सबूत होगा अब मैं अपनी आत्मा से बहुत-बहुत प्रेम करता हूँ मेरी आत्मा का हित या आत्मा का कल्याण मेरे जीवन का उद्देश्य है मेरी आत्मा के प्रति मेरा प्रेम सच्चा है हर पल मैं अब अपनी आत्मा से प्रेम करता हूँ।

I love u my dear soul I really really love you

Delete delete and just delete

मिरेकल के चारों महत्वपूर्ण चरण पूर्ण करने के उपरांत हम जब उन सभी कर्मों के प्रति क्षमा माँग चुके हैं जिनके द्वारा हमने किसी को जाने अनजाने में दुःख दिया एवम् प्रायश्चित भी कर चुके हैं साथ ही साथ अपनी आत्मा के प्रति कृतज्ञ होते हुए उससे प्रेम करना भी सीख गए हैं तब एक आखिरी क्रिया जिससे हम अपने जीवन को एक नया रूप दे सकते हैं उन सारे कर्मों के निर्जरा हेतु बार-बार प्रार्थना करनी है वो भी इस प्रकार– हे आत्मा मेरे द्वारा किये हुए जाने अनजाने में किये हुए सभी कर्म जिनके द्वारा किसी भी जीव को मन-वचन-काय से कष्ट हुआ हो वे सभी कर्म मिथ्या हो अथवा उन सभी कर्मों

की निर्जरा हो जायें मैं हृदय से प्रायश्चित करता हूँ मुझे क्षमा प्रदान करें।

"मेरे सभी कर्मों की निर्जरा हो निर्जरा हो निर्जरा हो।"

ऐसा कहते हुए मन में अत्यंत दुःख और अफ़सोस के साथ बार-बार कर्मों की निर्जरा हेतु प्रार्थना करनी है।

इस क्रिया के द्वारा जो कि इस पुस्तक में बताई गई है अगर आप मन वचन काय की एकाग्रता रखेंगे एवम् हृदय से प्रायश्चित का अनुभव करते हुए अपने जीवन में घटित होने वाली सभी घटनाओं की जिम्मेदारी शत प्रतिशत स्वयं पर लेंगे तो अपने जीवन में नित नए चमत्कार कर पाएंगे आपका जीवन खरे सोने की तरह निखर जायेगा आपके जीवन के बहुत सारे दुःख, परेशनियाँ धीरे-धीरे कम होती जाएँगी एवम् इसका सबसे बड़ा और अहम् फायदा यह होगा कि कर्म सिद्धान्त को समझने के कारण आप कभी कोई गलत कार्य ही नहीं करेंगे और जब गलत कार्य नहीं करेंगे तो उनके गलत परिणामों से भी बचेंगे एवम् आपके अंदर भी विशुद्धि आएगी। आप अपने किये हुए कर्मों का परिणाम समझ कर जो भी आपके जीवन में घटित हो रहा है उसको सहर्ष स्वीकार करेंगे जीवन में आकुलता का अभाव और निराकुलता का प्रादुर्भाव होना प्रारम्भ हो जायेगा।

इस क्रिया को अपने अंदर आत्मसात करके आप अपने जीवन को कुंदन की तरह बना सकते हैं।

वैवाहिक जीवन सुरक्षित हुआ।

एक बार एक महिला का कॉल आया वो बहुत दुखी थी इतनी ज्यादा दुखी थी कि कॉल करने के 10 मिनिट बाद तक वो रोने के कारण कुछ बोल ही नहीं पाई, फिर कुछ समय पश्चात् अपने आपको सम्हालते हुए उसने बताया कि उसकी शादी हुए 12 वर्ष हो गयी हुई और उसकी कोई सन्तान नहीं जिसके कारण पारिवारिक जीवन में अशान्ति होने लगी और अपने पति के दबाव में आकर उसने उसके ही ऑफिस में काम करने वाली एक लड़की जो कि कुँवारी थी उसको सेरोगेट मदर बनाकर एक बच्चा पैदा करने की इजाजत अपने पति को दे दी।

एक वक्त ऐसा आया कि वो लड़की गर्भवती हो गयी और फिर उसका पति उस लड़की को यह कहकर घर लेकर आ गया कि गर्भकाल में अगर ये यही रहेगी तो बच्चे से जुड़ाव गर्भ में हो ही जायेगा और जैसे ही बच्चा होगा ये अपने घर वापिस चली जायेगी। धीरे-धीरे 9 महीन बीत गये उसने एक बच्ची को जन्म दिया फिर घर छोड़कर जाने की बात आई तो महिला के पति ने कहा कि 10 दिन बाद शुद्धि का स्नान करके यह चली जायेगी लेकिन जब 10 दिन हुए तब आशा के विपरीत वो हुआ जो उस महिला ने कभी सोचा ही नहीं था, उस लड़की ने महिला के पति से

मंगलसूत्र मँगवा कर और सिन्दूर मँगवाकर उसके पति से शादी कर ली और यह कह दिया कि अब वो कभी इस घर से नहीं जायेगी। घर वालों, रिश्तेदारों के लाख समझने के बाद भी वो लोग नहीं माने।

इस घटना को लगभग 2 महीने हो चुके थे जब यह फोन मेरे पास आया और वो महिला चाहती थी कि मैं वास्तु से कोई उपाय बताऊँ जो कि मुझे सम्भव नहीं लगा, इसलिए मैंने उन्हें समझाया कि वास्तु में इसका कोई उपाय नहीं फिर भी उनका विश्वास और श्रद्धा जो हम पर थी उसके कारण उनको निराश करना मुझे अच्छा नहीं लगा, तब मैंने उन्हें मिरेकल की पूरी विधि बताई और समझाया कि वे अपने भाव उस लड़की के साथ ऐसा किया होगा, हो सकता है जिस जगह पर आप आज हो वो रही हो और उसकी जगह पर आप, आपके कहने पर या आपके प्रेम में पड़कर उसके पति ने उसको घर से ही निकाल दिया हो, तलाक दे दिया हो, हो सकता है उसके बाद उसका कोई सहारा न बचा हो, उसको दर-दर की ठोकरें खानी पड़ी हो। एक महिला के सर पर जब छत न हो सर पर किसी का हाथ न हो तब उसके साथ क्या-क्या हो सकता है यह सोचकर उस लड़की के लिए दुखी हो, प्रायश्चित करो कि मैंने कभी ऐसा किया होगा तभी मुझे ऐसा मिल रहा है। उसके दुःख से दुखी होकर आँसू बहाओ तब कहीं जाकर आपके कर्म धुलेंगे।

मेरी मिरेकल की प्रक्रिया सुनने के बाद उसने कहा कि आप सही कह रही हकीकत अब मैं अपने भाव शुद्ध रखूँगी और हर पल प्रायश्चित करूँगी।

दो दिन बाद उसका कॉल फिर आया और उसके पहले शब्द यह थे—मैडम आपके घर का पता बताइये मुझे मिठाई भिजवानी है। तब मैंने कहा कि ऐसी क्या खुशी की बात है, क्या वह लड़की घर छोड़कर चली गयी ? तब उसने कहा, "हाँ मैडम आपने मेरी जिन्दगी में चमत्कार कर दिया। जो सब रिश्तेदार समाज वाले बड़े-बड़े काउंसलर नहीं कर पाए वो आपकी विद्या ने 2 दिन में ही कर दिया, वो औरत चली गयी और एक पत्र

लिखकर गयी थी जिसमें उसने लिखा है कि मैंने जो काम किया वो गलत था और मुझे वो नहीं करना चाहिए था। मैं शर्मिंदा हूँ और बच्ची को छोड़कर जा रही हूँ मुझे क्षमा करें, मुझे खुद नहीं पता कि ये हृदय परिवर्तन कैसे हुआ? लेकिन मुझे अपनी गलती का अहसास है। अब मैं कभी आपके जीवन में दखल नहीं दूँगी।

तो... यह होता है सच्चे हृदय से प्रायश्चित करने का प्रभाव जब मन में शर्मिंदगी महसूस हो, आत्मग्लानि हो और पूर्णरूपेण से यह विश्वास हो कि सिर्फ मेरे ही कर्म हैं जो उदय में आकर मुझे दुःख रूप में परिणाम दे रहे हैं तो स्वतः ही हमारा मन पश्चाताप की ओर मुड़ जाता है और सारे पाप-कर्म धुल जाते हैं।

जलने की जलन मिरेकल करते ही खत्म

मैं श्रीमती अंचल जैन इस पुस्तक की लेखिका मैं बचपन से ही साधुओं के सानिध्य में रही हूँ और बचपन से ही सुनती आ रही हूँ कि जैसे कर्म करते हैं वैसा ही फल मिलता है इसलिए हमेशा ही प्रयासरत रहती हूँ कि किसी का दिल मेरे द्वारा न दुखे फिर भी जाने-अनजाने छोटी-बड़ी गलती हो ही जाती है और वो स्वयं के दुःख रूप में परिणित होकर जिन्दगी में मिलती है।

ऐसा ही कुछ मेरे कर्मों के उदय हुआ जब मैं 26 साल की थी मेरे दोनों बच्चे क्रमशः 6 और 3 साल के थे। तब मेरे पाप कर्म के उदय से मेरे ऊपर 2 लीटर उबलता हुआ दूध गिर गया और मैं बुरी तरह से जल गयी शरीर के कुछ भाग तो इतने ज्यादा जल गये कि अन्दर का पूरा माँस नजर आने लगा। तब गर्मी का मौसम था मेरे घर में मेरे पति भी नहीं थे। लेकिन खुशकिस्मती से कुछ रिश्तेदार थे लेकिन कर्मों की गति अलग ही होती है। मैंने 10 मिनिट पहले ही 3 लीटर का एक जग भरके गर्म पानी किया था किसी उद्देश्य से। वो वहीं रखा था पास में जैसे ही मैं जली तो उन रिश्तेदारों में से एक ने पानी डालने की जल्दी में वही 3 लीटर गर्म पानी मेरे ऊपर डाल दिया। मैं पहले ही तड़प रही थी। और ऊपर से गर्म पानी डालने पर जीते जी नर्क की वेदना का अहसास हो गया। मैं जलन और दर्द से चिल्लाने लगी और साथ में मेरे दोनों बच्चे भी रोने लगे। वो वक्त मेरी जिन्दगी का सबसे कष्टदायी वक्त था। लेकिन बुरे वक्त पर ही संस्कार का ज्ञान होता है। जब मैं बहुत ज्यादा दर्द से रोने और तड़पने लगी तो मेरे छोटे-छोटे बच्चे जिन्हें मैं हमेशा कहती थी कि जब भी जिन्दगी में कोई परेशानी हो सिर्फ णमोकार मन्त्र पढ़ना; सब दर्द सब दुःख दूर हो जाएँगे, वे ही मेरे बच्चे मुझे समझाने लगे। मम्मी आप रो मत; णमोकार मन्त्र पढ़ो सब ठीक हो जाएगा। उन बच्चों की बात सुनकर मैंने रोते-रोते ही णमोकार मन्त्र पढ़ना शुरू कर दिया। यकीन मानिये कि 5-7 मिनिट में ही मेरी जलन और दर्द काफी कम हो गया तब मैंने विचार किया कि मेरे

जीवन में ऐसा क्षण क्यों आया ? हो सकता है शारीरिक नहीं मानसिक रूप से किसी को जलाया हो। बार-बार उस व्यक्ति की जलन के बारे में सोचकर क्षमा याचना करने लगी। उस व्यक्ति के दुःख से दुखी होकर रोने लगी और धीरे-धीरे मेरी जलन बिल्कुल खत्म हो गयी। सबसे बड़ी बात यह है कि मेरा चेहरा भी काफी हद तक झुलस गया था जो कि बिना किसी उपचार के बिल्कुल साफ हो गया, प्रायश्चित से कर्मों के साथ-साथ चेहरे के बदसूरत दाग भी धुल गये।

जिन्दगी में पहली बार मैंने पश्चाताप की शक्ति को पहचाना और पहली बार मिरेकल किया जो लोग मुझे देखने आते थे वो मुझे देखकर आश्चर्यचकित होते थे कि इतना जलने के बाद आप मुस्कुराती रहती हो, नहीं तो रसोई में काम करते वक्त जरा-सा भी जल जाओ तो कितनी ज्यादा तड़प होती है, उन्हें क्या बताती कि पश्चाताप के शीतल आँसुओं ने सारी जलन खत्म कर दी।

It's always easy to blame others. You can spend your entire life blaming the world, but your successes or failures are entirely your own responsibility. You can try to stop time, but it's a complete waste of energy.

(Paulo Coelho)

उधार दिए हुए रुपये वापस मिले

हमारे पहचान में एक सज्जन है जिनकी आर्थिक परिस्थिति ज्यादा अच्छी नहीं है, लेकिन पहले जब वे आर्थिक रूप से सुदृढ़ थे, तब उन्होंने किसी मित्र को उसकी सहायता के उद्देश्य से पाँच लाख रुपये उधार दिए थे और काफी समय तक वापिस भी नहीं माँगे। ज्यादा आर्थिक परेशानी का सामना करना पड़ा, तब उन्होंने अपने मित्र जिसको उसकी बुरी परिस्थिति में 500000 रुपये सहायता के रूप में दिए थे, उस दोस्त से रुपये वापिस देने की गुजारिश की। परन्तु उनका दोस्त कुछ समय तक तो रुपये वापिस देने में आना-कानी करता रहा और इनके बार-बार रुपये माँगने पर उसने स्पष्ट तौर पर रुपये देने से इनकार कर दिया और साथ ही साथ बात करना भी बन्द कर दिया।

अब मेरे सज्जन मित्र जो आर्थिक परेशानी तो झेल ही रहे थे साथ में उन्हें विश्वासघात का भी मानसिक कष्ट झेलना पड़ा। इस कटु अनुभव ने उनके हृदय को बहुत तकलीफ दी। किसी का भला करने की पवित्र भावना को भी कलुषित कर दिया। अब उन्हें लगा कि इस दुनिया में दोस्ती, विश्वास और भलाई नाम की कोई चीज नहीं। जो लोग इस दुनिया में दूसरों का भला करते हैं वो मूर्ख होते हैं, जब वो इस मानसिक परेशानी से गुजर रहे थे, तब हम उनके यहाँ उनकी परेशानी के बारे में जानकारी लेने के कारण उनसे मिलने गये। सोचा कि मिलकर थोड़ी हिम्मत बँधा देंगे, लेकिन जब हम उनसे मिले तो उनका व्यवहार काफी रुष्ट था। वे सारी दुनिया से ख़फा लग रहे थे तब उनकी मन: स्थिति का अवलोकन करने के उपरान्त मैंने उनको मिरेकल समझाया और विश्वास दिलाया कि आज जो भी आपकी जिन्दगी में हो रहा है वह आपके पूर्व में किये हुए बुरे कर्मों का फल है। जब तक आप मन पूर्वक इसका प्रायश्चित नहीं करते आपके कर्मों की निर्जरा नहीं होगी और सुख वापिस नहीं आएगा। क्योंकि वे सचमुच एक भद्र पुरुष थे, इसलिए उन्होंने बहुत जल्दी इस बात को आत्मसात कर लिया और मिरेकल करने के लिए मानसिक रूप से तैयार

हो गये, उनको मिरेकल समझाने और थोड़ी इधर- उधर की बातें करके हम अपने घर वापिस आ गये।

कुछ दिनों बाद वे दोनों पति-पत्नी एक साथ हमें अचानक से बाजार में मिल गये। दोनों ही प्रसन्न मुद्रा में थे, जब मैंने उनकी प्रसन्नता का कारण पूछा तब उन्होंने कहा कि ये सब आपके बताये हुए मिरेकल का मिरेकल है, फिर उन्होंने पूरी बात बताई कि किस तरह से उन्होंने मन में प्रायश्चित के भाव रखते हुए मिरेकल किया और उनका मित्र जो न ही उनके रुपये वापिस देने को तैयार था; न ही उनसे बात करने, वो मित्र स्वयं ही उनके पास और अपने दुर्व्यवहार के लिए इनसे क्षमा माँगी और 5 लाख में से 3.5 लाख रुपये लौटा दिए और आश्वासन दिया कि बहुत जल्दी बाकी के रुपये भी लौटा देगा। उनको अपने डूबे हुए रुपयों के साथ खोया हुआ दोस्त और खुशियाँ भी वापिस मिल गयीं, यही मिरेकल है, जो काम लड़ाई, झगड़े, जोर-जबरदस्ती से नहीं बनता, वह सिर्फ अपनी गलती स्वीकार करके सच्चे मन से प्रायश्चित करने से स्वत: ही हो जाते हैं।

बच्ची का रोना शान्त हुआ

एक बार करीब करीब चार साल पहले हम ट्रेन से दिल्ली जा रहे थे हमारे डिब्बों में ही एक लड़की अपनी माँ के साथ मायके जा रही थी। उसकी भी बहुत छोटी शायद 6-7 महीने की बेटी थी। हम जब से डिब्बे में बैठे थे तब से वो बच्ची रोये जा रही थी। थोड़ी देर चुप होती और फिर रोने लगती। उसकी नानी उसको पूरे डिब्बे में घुमा-घुमा कर सुलाने की नाकाम कोशिश कर रही थी। उस बच्ची का रोना मुझे बहुत बेचैन कर रहा था। मुझे बचपन से ही किसी का रोना, झगड़ना बहुत परेशान करता था। इसलिए मुझसे बर्दाशत नहीं हुआ और मैंने उनसे पूछ ही लिया कि इस बच्ची को कोई समस्या है क्या ? तब उन्होंने बताया कि उसको निमोनिया है और सर्दी के कारण नाक बन्द है। साँस लेने में समस्या हो रही है। नाक में ड्राप भी डाल दी, दवाई भी खिला दी, लेकिन कोई फायदा नहीं। ऐसा कहकर वे मुड़ गयी और फिर डिब्बे के चक्कर लगाने लगी। डिब्बे के प्रायः सभी लोग सो गये थे। पर मुझे उस बच्ची का रोना पसन्द नहीं। कहीं ऐसा तो नहीं कि मैं अपने आस-पास के लोगों के साथ ऐसा कुछ करती हूँ या मेरी ऐसी कोई हरकत हो जिससे सबको चिढ़ होती हो, सब को भी परेशानी होती हो, और मैं वो कार्य या बात करती रहती हूँ। शायद इसलिए जब कहीं कोई रोता है, तो सबसे पहले मेरा ध्यान वहाँ जाता है, या कोई दुखी हो परेशान हो, तो मेरी दृष्टि उस पर पड़ती है और मैं परेशान हो जाती हूँ। मैं कहीं जा रही हूँ तो वहाँ किसी की लड़ाई हाथापाई हो रही होगी, जिसको देखकर मुझे घबराहट और बेचैनी होने लगेगी। ऐसा मेरे साथ ही क्यों होता है, क्योंकि मैं भी शायद अपनी हरकतों से किसी को परेशान करती हूँ, अभी नहीं तो शायद पहले कभी ऐसा किया हो। वो लोग भी ऐसा ही महसूस करते होंगे, बेचैन होते होंगे, हे आत्मा ! मुझे क्षमा करो, मेरे ऐसे कार्यों के लिए, जो मैं करती तो अपनी खुशी के लिए हूँ या मजबूरी में या स्वभावतः हो जाते हैं। दूसरों को परेशानी होती है उन सभी कार्यों, बातों, हरकतों के लिए मुझे क्षमा करो। ऐसा मन-ही-मन सोचती रही

और क्षमा माँगती रही। मुश्किल से 5 मिनिट हुए होंगे और वो बच्ची सो गयी सुबह तक उसने रोने की आवाज नहीं आई।

अब आप कहेंगे कि आपके प्रायश्चित करने से वो बच्ची कैसी चुप हो गयी ?या उसको स्वास्थ्य लाभ कैसे हो गया ?तो मैं कहूँगी यही तो मिरेकल है। जिससे आपको कष्ट है, वो कारण, वो निमित्त स्वमेव ही खत्म हो जाता है हो सकता है कि उस बच्ची को रोना तब के लिए ही बन्द हुआ हो जब तक मैं वहाँ थी क्योंकि मिरेकल तो मैंने किया था। जिससे सम्बन्ध स्थापित होता है वही सुख या दु:ख दे सकता है, ये मैं नहीं जानती। मुझे मतलब भी नहीं, क्योंकि जो सम्बन्ध स्थापित हुआ वो सफर के खत्म होते ही खत्म हो गया। जैसे कहीं आग लग गयी हो और आप सामने खड़े हैं लेकिन आपको उससे कोई जलन नहीं हो रही। जबकि वो जल तो रही है, लेकिन अचानक से एक चिंगारी उचट कर आती है और आपके जला देती है, अब आपको तकलीफ भी होगी गुस्सा भी आएगा और जलन भी होगी क्यों ?क्योंकि अब आपका उससे सम्बन्ध स्थापित हुआ है।

I'M SORRY, IT'S ALL MY FAULT.

खूबसूरती बढ़ी

मेरी बेटी परिधि जब 11 वर्ष की थी तब किसी दवाई के साइड इफेक्ट के कारण उसका रंग काफी सावला हो गया था जिसके कारण उसको कभी कभी अच्छा नहीं लगता था और उसी समय में उसकी दायीं आँख के ऊपर एक सफेद रंग का मस्सा हो गया जो कि देखने में बहुत बुरा लगता था साथ ही साथ उसको स्कूल में भी सभी बच्चे उसको चिढ़ाते थे, जिसके कारण वो काफी दुखी रहती थी। शुरु में तो मैंने उसको समझाया कि जिसको जो बोलना हो, बोलने दो। लेकिन एक दिन स्कूल में बच्चों ने ज्यादा ही चिढ़ाया और वो घर आकर वो बहुत ज्यादा रोई फिर मैंने निर्णय लिया कि किसी त्वचा रोग विशेषज्ञ को दिखा कर इसको हटवा देते हैं और मैं अपनी बेटी को लेकर डॉ. के यहाँ गई तब डॉ. ने निरीक्षण करके कहा कि ये स्थाई मस्सा है और लेज़र से जलाया जा सकता है। लेकिन आँखों की रौशनी को नुकसान हो सकता है क्योंकि वो आँख की पलक पर ही था अब हम घर वापिस आ गए, लेकिन मेरी बेटी पहले से और ज्यादा दुखी हो गई क्योंकि उसको लगा कि अब यह जिंदगी भर उसको झेलना पड़ेगा और सबकी बातें भी।

वो बहुत ज्यादा दुःखी थी और रो भी रही थी तब मैंने उसको मिरेकल समझाया कि हमने भी कभी किसी के रूप का मजाक बनाया होगा और उसे भी ऐसा ही दुःख हुआ होगा और उसके दुःख का अहसास करवाने के लिए यह सब हुआ, मिरेकल मेरे बच्चे कई बार सुन चुके थे तो....उसको अपनी गलती का अहसास होने में ज्यादा समय नहीं लगा और उसने रोते रोते ही मिरेकल करना प्रारंभ किया मन से प्रायश्चित के भाव रखे एवं क्षमा याचना की अपनी आत्मा से और ऐसा करते करते ही वो सो गई।

लेकिन चमत्कार तब हुआ जब वह सुबह उठी तब उसकी आँख के ऊपर वो मस्सा नहीं था और हम सब जितना खुश थे उससे ज्यादा आश्चर्यचकित थे कि सिर्फ आधे एक घण्टे के प्रायश्चित से ही इतनी

जल्दी कर्मों की निर्जरा हो गई। आज मेरी बेटी 15 वर्ष की है और उसका साँवला रंग भी स्वयं ही गोरे रंग में परिवर्तित हो गया, ये प्रायश्चित का परिणाम है, ये चमत्कार एक 11 वर्ष की बच्ची के द्वारा किया गया जिसे न ही धर्म का ज्ञान था न ही शास्त्रों का इसके बावजूद भी, तो क्या हम जो धर्म का मर्म जानते हैं वो अपनी जिन्दगी में मिरेकल नहीं कर सकते।

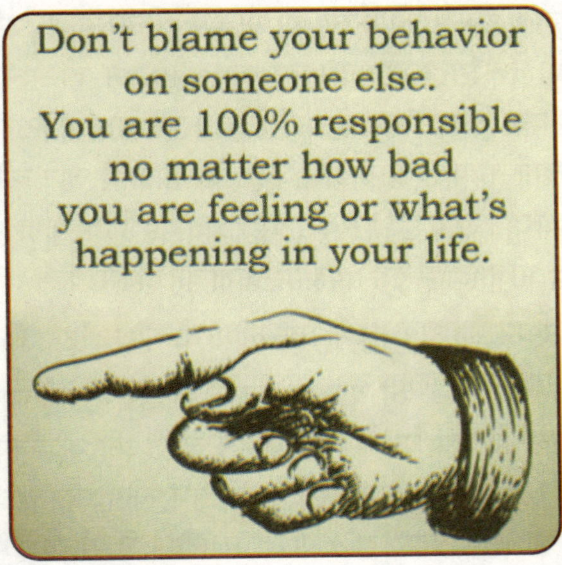

शादी में जाने की इजाजत मिली

मैं दीपिका जैन मैंने मिरेकल की क्लास 3 साल पहले ली थी। तब से ही अपनी छोटी-बड़ी परेशानियों में मिरेकल करके अपना जीवन खुशी से बिता रही हूँ। मैं बुन्देलखण्ड की रहने वाली हूँ। मेरे पापा थोड़े पुराने ख़्यालों के हैं और किसी विशेष कारण से उनकी मेरे मामा जी मतलब अपने ससुराल वालों से ज्यादा बनती नहीं है। इसलिए जब भी मम्मी अपने मायके जाने की बात करती हैं तब हमारे घर में बहुत झगड़े होते हैं, एक बार मेरी मौसी जी की शादी थी। इसी कारण मैं, मम्मी और मेरा भाई सब ही बहुत उत्सुक थे। लेकिन जब पापा से पूछा तो साफ मना कर दिया जाने देने के लिये। इस बात पर मम्मी पापा में बहुत लड़ाई हुयी। मौसी की शादी में जाने की हमारी इच्छा पर पानी फिर गया। क्योंकि लड़ाई के बाद तो पापा और ज्यादा नाराज हो गये, हम लोग बहुत दुखी हो गये। हमारे घर में ऐसा कोई भी नहीं था जो पापा को समझा-बुझा कर शादी में जाने की इजाजत दिलवा सके। जो करना था वो हमें ही करना था, और जब सब रास्ते बन्द हो तब मिरेकल काम करता है। मैंने मन-ही-मन में मिरेकल करना शुरू कर दिया। जिसके फलस्वरूप पूरे 10 मिनिट बाद ही पापा स्वयं हम लोगों के पास आये और कहा कि शादी में जाने की तैयारी कर लो, हम सब बहुत खुश हुए। सबसे बड़ी बात यह है कि पापा भी हम लोगों के साथ खुद भी शादी में गये। यह मिरेकल का ही मिरेकल था।

मेरा एक और अनुभव मैं आप लोगों के साथ बाँटना चाहती हूँ।

कुछ दिन पहले की बात है जब कुंडलपुर में बड़े बाबा का महा मस्तकाभिषेक हो रहा था उस समय हम लोगों को कुंडलपुर जाने का प्रोग्राम बन रहा था। लेकिन उसी समय हम लोगों को पता चला कि आचार्यश्री जी का विहार हो गया। हम लोगों ने सोचा कि हम लोग कुंडलपुर के लिए आज ही निकल जाते हैं, जिससे हम लोग कल अभिषेक भी देख लेंगे और आचार्यश्री के दर्शन भी कर लेंगे, क्योंकि आचार्य श्री कुंडलपुर से ज्यादा दूर भी नहीं जायेंगे, लेकिन हम लोगों को

कुंडलपुर जाने का कोई भी साधन नहीं मिल रहा था इस कारण मुझे बहुत रोना आया, मुझे लगा आचार्यश्री के दर्शन पता नहीं अब कब मिलेंगे और फिर मैं अपने ही घर के पास पार्श्वनाथ मन्दिर में दर्शन करने चली गयी। अपने मन को शान्त करने के लिए और वहाँ भगवान के सामने मैंने मिरेकल किया और अपने आप को धिक्कारा कि शायद मैंने कभी किसी को धर्म करने, मन्दिर जाने या तीर्थ यात्रा के लिए रोका होगा या अड़चन लगाई होगी। इसलिए आज चाहते हुए भी मुझे आचार्यश्री के दर्शन करने को नहीं मिल रहा। इस प्रकार मैंने बहुत प्रायश्चित किया और जैसे ही हम मन्दिर से बाहर निकले सामने एक जीप आकर खड़ी हो गयी और वे हमसे पूछने लगे कि कुंडलपुर चलना हो तो चलो, गाड़ी में जगह खाली है। मिरेकल का रिजल्ट मुझे सिर्फ कुछ मिनिट में ही मिल गया शायद इसलिए इसको मिरेकल कहते हैं। फिर हम लोग कुंडलपुर के लिए निकल गये। और हम लोगों कुंडलपुर के बड़े बाबा और आचार्यश्री के दर्शन बहुत अच्छे से हुए।

A bad mood is often the reason for blaming others; but very often blaming others causes bad feelings in us: the more we blame others, the worse we feel.

(Leo Tolstoy)

जीजा जी का हृदय परिवर्तन

मेरा नाम रीना है मैं नरसिंहपुर की रहने वाली हूँ मेरा अभी विवाह नहीं हुआ है परन्तु मेरी दीदी के विवाह को 5 साल हो चुके हैं। मेरे जीजा जी भी काफी अच्छे हैं और वे दीदी से काफी स्नेह रखते हैं परन्तु वो दीदी को मायके नहीं आने देते, उसका बहुत बड़ा कारण यह है कि हमारे घर में सभी को सफेद दाग की बीमारी है और जीजा जी को डर लगता है कि अगर दीदी बार-बार मायके आई और सबके साथ रहीं तो उनको भी यह बीमारी न हो जाये, इसी कारण से जीजाजी दीदी को मायके नहीं भेजते थे।

एक दिन अंचल मैडम का प्रोग्राम टीवी पर आ रहा था और मैंने सुना तो दीदी को बताया और फिर अंचल मैडम से फोन पर समस्या का समाधान पूछा और उन्होंने कहा कि शायद पूर्व में कभी या इस जन्म में आप या आपके घर वाले भी किसी के साथ ऐसा व्यवहार करते हों किसी को अपने माँ बाप से दूर करने के निमित्त बने हों जो इस रूप में परिणत हो गया हो फिर मिरेकल समझाया।

दीदी को मैडम की बात समझ आ गई और उन्होंने दिल से यह प्रक्रिया करना शुरु कर दी। 15 दिन बाद ही राखी थी और दीदी मन ही मन ये स्वीकार कर चुकी थीं कि यह उसके कर्मों का फल है और उसको भोगना ही है परन्तु प्रायश्चित के साथ, उसने जीजा जी से भी राखी पर मायके जाने की इच्छा नहीं की परन्तु राखी के 3 दिन पहले सच में मिरेकल हुआ और जीजा जी ने स्वयं ही दीदी को मायके साथ में लेकर आने का प्लान बनाया और इससे बड़ा मिरेकल तब हुआ जब जीजा जी ने हमारे यहाँ आकर सबके साथ अच्छा व्यवहार किया एवं पापा को किसी अच्छे डॉ. को दिखाने की उत्सुकता दिखाई।

सास और बहु में प्रगाढ़ता

मेरे बेटे की शादी को 20 साल हो चुके हैं परन्तु न जाने कर्मों का कौन सा खेल है कि मैं और मेरी बहु एक ही घर में रहते हुये दो अजनबियों की तरह रहते हैं घर में तो वो कभी मुझसे सीधे मुँह बात करती नहीं थी लेकिन कभी कहीं बाहर जाती थीं और मैं उसको कॉल करके उसका हाल चाल पूछूँ तो भी बात करने को राजी नहीं होती थी।

2012 में बंगलौर में अंचल जी का मिरेकल पर लेक्चर था और जब मैंने लेक्चर सुना तब मुझे लगा कि शायद मेरी बहु के साथ कभी मैंने कुछ गलत किया हो इसलिए ही वो मुझसे ऐसा व्यवहार करती है उस वक्त मेरी बहु अपने पीहर में थी, जब मैं लेक्चर के बाद कार में अपने पति के साथ घर जा रही थी तब मैंने सोचा कि घर जाकर अपनी बहु को फोन करके बात करूँगी और क्षमा माँगूंगी शायद कुछ बदल जाये लेकिन भावों के जरा से परिवर्तन से ही मेरे जीवन में बहुत बड़ा परिवर्तन हुआ जिस बहु ने 10 साल में मुझे कभी कॉल नहीं किया उसका उस ही का कॉल आया और ऐसे बात हुई जैसे पहले कभी हुई ही नहीं थी, ये मिरेकल ही था, फिर मैं रात को अंचल जी से मिलने उनके पास गई।घटना सुनाकर उनका धन्यवाद दिया अब मुझे कर्मसिद्धांत समझ में भी गया है और मेरे भावों में भी सरलता आ गई है, साथ ही साथ जीवन में खुशियाँ भी।

धनराशि वापिस मिली।

मैं राजीव नाहर, वारा (मध्य प्रदेश)) से हूँ। मैं पेशे से एक टीचर हूँ और प्रत्येक व्यक्ति की तरह मेरी जिंदगी में भी कुछ परेशानियाँ थीं जिसमें से एक परेशानी यह थी कि एक सज्जन से मुझे मेरी धन राशि बहुत बार माँगने पर भी वापिस नहीं मिल रही थी जिसके कारण मैं बहुत परेशान या समझ नहीं आ रहा था कि किस तरह मैं अपने रुपये वापिस लूँ।

अप्रैल 2013 की बात है मैं अपने परिवार के साथ टीवी देख रहा था तब मैंने पारस चैनस पर प्रसारित "जैन वास्तु रहस्य" मैं श्रीमती अंचल जैन जी का प्रोग्राम देखा जो कि मिरेकल के बारे में बता रही थी।

पहले तो उनकी बातों पर मुझे विश्वास नहीं हुआ, फिर भी मन में एक छोटी सी चैतन्यता उनके मुखारबिंद से निकले मिरेकल का ज्ञान की ओर मुझे खींच रही थी, जिसे सुनकर मुझे अच्छा लगा और कर्म सिद्धांत की गम्भीरता को समझने में सक्षम हुआ।

अब मैंने सोचा कि जो रुपये मुझे बार–बार माँगने पर भी नहीं मिल रहे हैं निश्चित तौर पर मेरे कर्म का ही फल है, अवश्य ही मैंने पूर्व भव या अन्य किसी भव में इस व्यक्ति के रुपयों का हड़प लिया होगा। जिसके कारण इस परेशानी का सामना करना पड़ रहा होगा और भी न जाने मेरे कारण कितनी समस्याओं से जूझना पड़ा होगा। तब उसके पास शायद जीवन यापन का साधन भी वही धन राशि रही हो जो मैंने उससे ली हो और कभी वापिस न की हो...... इस तरह से इस परिस्थिति के लिए स्वयं को जिम्मेदार मानते हुए उस व्यक्ति से रुपयों की आशा छोड़कर मैंने इसको अपने कर्मों की निर्जरा समझ कर सहर्ष ही स्वीकार कर लिया और मन ही मन अपने इस कृत्य के लिए क्षमा माँगना प्रारम्भ कर दिया। तब यह मिरेकल एक ही बार टीवी पर सुना था। इसलिए बहुत अच्छे से पूरी प्रक्रिया तो याद नहीं थी फिर भी इतना तो समझ आ गया था कि जो दिया है

वही मिल रहा है, जो किया है वही भोग रहे हैं बस इस सिद्धांत पर दृढ़ विश्वास करके मिरेकल करता रहा और आपको जानकर आश्चर्य होगा कि वह व्यक्ति जो अब मुझे देखकर रास्ता बदल देता था वो स्वयं मेरे घर आकर मेरे रुपये वापिस दे कर गया।

इस चमत्कार के उपरांत जरूर मेरे कुछ अच्छे कर्मों का उदय हुआ होगा, जिससे मुझे जून 2013 में जाने माने राष्ट्रीय और अंतर्राष्ट्रीय वास्तु विद डॉ. राजेन्द्र जी जैन की वास्तु ट्रेनिंग में मुझे श्रीमती अंचल भाभी से मिलने का सुअवसर प्राप्त हुआ और उनसे मिलकर लगा कि वे सचमुच सरल, सहज, सहृदयी, एक उत्तम विचारों वाली एवम् जैन सिद्धांत पर सच्ची श्रद्धा रखने वाली महिला है, यह कहना अतिशयोक्ति नहीं होगा कि सही मायने में वे ही इस मिरेकल क्रिया को सिखाने की हकदार हैं, तब से मैं उनके छोटे भाई जैसा हूँ और उनका और आदरणीय डॉ. राजेन्द्र भैया जी का स्नेह प्राप्त कर रहा हूँ इसके अलावा कई बार कई समस्याओं के लिए मैंने मिरेकल किया और सफल परिणाम प्राप्त किये। इसके लिए मैं आदरणीय डॉ. साहब और अंचल भाभी जी का सदैव आभारी रहूँगा। जय जिनेन्द्र !

स्वास्थ्य एवं परीक्षा में उत्कृष्ट परिणाम मिले।

मैं श्रीमती भारती जैन भोपाल म.प्र. में रहती हूँ। मैंने आदरणीय डॉ. राजेन्द्र जैन जी से चार वर्ष पूर्व वास्तुविद की डिग्री ली है उसी समय आ. अंचल भाभीजी से मिरेकल का ज्ञान मिला। और इसके बहुत सारे प्रयोग मैंने किए व लाभान्वित हुई।

कुछ अनुभव आप लोगों को बताना चाहूँगी। एक वर्ष पूर्व मुझे मासिक धर्म संबंधी परेशानी हुई। जाँच करवाने पर डॉ. ने बताया कि ओवरी में सिस्ट है। डॉ. ने दवाईयाँ दी। किन्तु परेशानी कम नहीं हुई।

डॉ. ने कैंसर की जाँच करवाने को कहा। नाम सुनकर ही मुझे बहुत तनाव हो गया।

एक दिन मंदिर जी में पूजन करते हुए भाभीजी द्वारा दी गयी मिरेकल विद्या का ध्यान आया और मैंने वहीं से इसको करना प्रारंभ कर दिया। दिन में जब भी समय मिलता मैं मिरेकल करती। स्वर विज्ञान का प्रयोग भी किया। इस बीच कैंसर की जाँच भी हो गयी। बस अब रिपोर्ट का इंतजार था।

8 दिन बाद डॉ. ने सोनाग्राफी करवाई और तुरंत रिपोर्ट दी जिसमें सिस्ट जो की 3 से 4 मि.मी. का था बिल्कुल गायब हो गया था। डॉ. को भी आश्चर्य हुआ लेकिन मैं जानती थी कि ये सिर्फ मिरेकल के कारण हुआ था।

4 दिन बाद कैंसर की रिपोर्ट भी आ गयी जिसमें सब कुछ सामान्य आया। मेरी खुशी का ठिकाना नहीं रहा। मैंने भाभीजी को तुरंत इस बारे में बताया और धन्यवाद दिया। मिरेकल करते रहने से मेरी वो समस्या ही खत्म हो गयी। बहुत-बहुत आभारी हूँ भाभीजी की जिन्होंने ये अनमोल ज्ञान हमें दिया।

इसके अलावा मैं अपना एक और अनुभव आप सभी को बताना चाहती हूँ, मेरा बेटा कक्षा 12वीं की परीक्षा के साथ IIT की तैयारी कर रहा

था। वह शुरु से टॉपर रहा है। लेकिन सभी जानते है कि इन परीक्षाओं के समय सभी बच्चे तनाव में आ जाते हैं। उसने पूरी मेहनत करके परीक्षा दी।

वह मुझसे कहता था मेरे कक्षा 12 में 90 प्रतिशत से ऊपर आना चाहिए पर मुश्किल है। मैंने उसे समझाया कि चिंता ना करें और मैंने मिरेकल शुरु किया। इस बीच IIT की परीक्षा भी हो गयी। मैंने दोनों परीक्षाओं के लिए मिरेकल करना शुरु किया और स्वर विज्ञान का भी उपयोग किया।

कक्षा 12 का रिजल्ट आया तो मेरे आश्चर्य का ठिकाना नहीं रहा क्यूंकि मैंने 95 प्रतिशत का सोचा था और बेटे को 95.4 प्रतिशत अंक मिले। कुछ दिन बाद IIT का परिणाम आया और उसमें भी बेटे का जहाँ जैसा चाहा था सलेक्शन हो गया।

ये सब सिर्फ मिरेकल से ही संभव हो सका। भाभीजी को कोटिशः धन्यवाद।

जीवन एवं मन को सुकून मिला

मैं महक जैन चेन्नई से, मेरी शादी को 3 साल हो गए हैं मेरी एक बेटी है दूसरा बच्चा होने वाला है, मेरे पति का स्वभाव थोड़ा घमण्डी, लालची और दूसरों को नीचा दिखाने वाला है और वो कहीं भी किसी जगह भी मेरी बेइज्जती करते रहते हैं इसी कारण मेरा मन बहुत ही व्याकुल रहता था दूसरी प्रेग्नेंसी के समय इन विपरीत परिस्थितियों से बचने के लिए मैं मायके आ गई मेरे पति ने मुझे मना नहीं किया और न ही कभी मायके आने के बाद उन्होंने मुझे कॉल किया, मैं ही कभी-कभी कॉल कर लेती थी और इस बीच मेरी मुलाकात अंचल भाभी से हुई और जब उन्हें मैंने अपनी परेशानी बताई तब उन्होंने मुझे मिरेकल समझाया और मुझे एक बार में समझ में आ गया और मैंने अपने पति को बुरा कहना और बुरा मानना छोड़ दिया साथ ही साथ मिरेकल करना शुरु किया जिसके परिणामस्वरूप अगले ही दिन मेरे पति का कॉल आ गया और उन्होंने बहुत अच्छे से बात की और मुझे वापिस घर आने के लिए कहा जो कि अपने आपमें बहुत बड़ा मिरेकल है।